涂圣伟 等 著

中国农民农村共同富裕道路

THE ROAD TO COMMON PROSPERITY
FOR CHINESE FARMERS AND COUNTRYSIDE

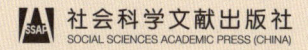

社会科学文献出版社
SOCIAL SCIENCES ACADEMIC PRESS (CHINA)

前　言

全体人民共同富裕是中国式现代化的重要特征。共同富裕一词最早出现在我们党的重要文件中，是为了将广大农民联合组织起来进行农业的社会主义改造而提出的目标愿景。1953年，中共中央明确提出党在过渡时期的总路线和总任务，是要在一个相当长的时期内，基本上实现国家工业化和对农业、手工业、资本主义工商业的社会主义改造。为了推进农业的社会主义改造，同年12月16日，中共中央通过《关于发展农业生产合作社的决议》，明确提出要进一步提高农业生产力，使农业能够由落后的小规模生产的个体经济变为先进的大规模生产的合作经济，"并使农民能够逐步完全摆脱贫困的状况而取得共同富裕和普遍繁荣的生活"。

让农民过上好日子，一直是中国共产党人孜孜不倦的追求。从打土豪分田地、实现"耕者有其田"的千年夙愿，到取消农业税、解开农民身上的千年枷锁，再到打赢脱贫攻坚战、实现摆脱绝对贫困的千年梦想，亿万农民朝着富裕的目标不断迈进。时至今日，随着乡村振兴战略的实施，我国乡村面貌发生了前所未有的变化，农民的日子一天比一天红火。但客观来看，农业农村依然是现代化建设的突出短板，实现全体人民共同富裕，最艰巨最繁重的任务在农民农村；同时，作为一个发展中的人口大国，农民占相当大的比重，实现共同富裕，最广泛最深厚的基础也在农村。

目前，农民农村共同富裕这一概念已经被广泛接受和使用，但其内涵和外延却并没有得到清晰定义。全体人民共同富裕作为一个总体概念，是对全社会而言的，城乡之间、区域之间不能各设指标。那么，为什么要提出农民农村共同富裕这一概念？什么是农民农村共同富裕？

我们理解，专门提出农民农村共同富裕，主要是基于我国"三农"的基础性地位及其对实现全体人民共同富裕的全局性意义的考量，需要对农民农村实现共同富裕的时序、节奏和路径进行重点设计和系统谋划，目的不是要将农村与城市分割开来，也不是要将农民与市民完全区别对待。关于农民农村共同富裕的内涵，如果从人本逻辑来理解，包括农民个体的全面发展和农村社会的全面进步，是指广大农民通过勤劳创新和相互帮助，最终普遍过上美好幸福生活的一种状态。

推进农民农村共同富裕是一项具有长期性、艰巨性、复杂性的工程，涵盖的内容和任务非常多，本书无法涉及所有方面，为此，仅从重点领域、重点群体、重点路径进行阐述。第一章对农民农村共同富裕进行了概要论述；第二章到第四章主要围绕如何更好地解放和发展农村生产力"做大蛋糕"，以高质量发展促进农民农村共同富裕展开论述；第五章和第六章聚焦实现农民共同富裕的关键和难点，分析"扩中""提低"的具体方式和路径；第七章和第八章重点从强化制度供给角度，探讨如何通过深化改革和完善配套政策来更好地促进农民农村共同富裕；第九章和第十章对国内部分地区的先行探索和国外主要国家缩小城乡收入差距的实践进行了简要介绍，总结正反两方面经验教训，以期为推动农民农村共同富裕提供借鉴。

实现农民农村共同富裕，生产力高度发展是基础。那么，在不对传统农业体系进行系统性改造的条件下，我们能否实现农民农村共同富裕这一目标？答案显然是否定的。世界范围内，城乡差距比较小的国家，不仅农业发展达到比较高的水平，农业多功能性和乡村价值开发也是多样化的，从而能够为农村居民提供稳定的就业和收入来源。作为一个发展中的农业大国，实现农村生产力的充分发展，必须跳出"农业"、突破单一生产功能，从构建更高质量、更加均衡的现代乡村产业体系来推进。

发展农村生产力，"统"与"分"都是重要途径。在过去以"分"为主的农村基本经营制度变迁中，集体"统"的作用日渐式微。集体经济是否还有出路？农村集体经济组织在实现共同富裕中应该发挥什么样的作用？各方存在不同的看法。就推进我国农民农村共同富裕而言，集体所有制是不可突破的底线，同时也具有强大的制度优势，将集体优越性与个人积极性相结合，走集体强和农民富相统一的路子，必然有别于西方发达国家，也肯定不同于我国城市地区的发展路径选择。

回顾历史，科学技术的每一次重大突破，往往都会带来生产力的飞跃发展。当前我们讨论农民农村共同富裕的实现路径，很难忽视新一代信息技术对农村生产力发展的变革性影响。数字技术快速渗透应用，让千百年来我国传统农耕场景发生深刻改变，手机成为"新农具"、数据成为"新农资"、直播成为"新生活"，农村要素结构、生产方式、组织形态都在随之不断发生调整和变化。对实现农民农村共同富裕而言，数字技术不仅成为促进乡村产业变革的新势力，同时，还逐步向农村生态、文化、治理等领域渗透，成为驱动乡村全面振兴的新动能。

促进农民农村共同富裕，必然要扩大中等收入群体，提高低收入群体收入。在"扩中"的重点人群中，农民工群体介于城乡之间，是破解我国城乡、区域、收入、公共服务差距的关键人群。如果在推进新型城镇化建设进程中，新生代农民工能够顺利转变为新型市民，而且从中成长起一批中等收入者，必将显著改善我国社会结构，加速推进共同富裕进程。同时，从全球减贫实践看，没有哪一个国家能够在这么短的时间内实现几亿人脱贫，对如此大规模的脱贫人口而言，防控好返贫风险、阻断贫困再生，本身就是一项十分艰巨的任务。在此基础上，让包括脱贫人口在内的农村低收入群体不掉队、走上致富路，"提低"是一个艰难却关键的任务。

促进农民农村共同富裕，不论是"做大蛋糕"，还是"分好蛋糕"，都需要通过深化改革和完善配套政策来实现。实践表明，深化改革是决定广大农民命运的关键一招，也必将是促进农业农村共同富裕的主要动力所在。就实现农民农村共同富裕而言，在诸多改革议程中，农村要素市场化配置改革至关重要，具有牵一发而动全身的作用。同时，完善的政策体系不可或缺，需要进一步优化农业补贴政策、完善社会保障制度、发挥第三次分配作用，加大面向农民农村的再分配力度。

本书是集体智慧的结晶，是共同创作的成果，具体分工为：涂圣伟、周振负责第一章的撰写，周振负责第二章、第五章的撰写，涂圣伟负责第三章的撰写，涂圣伟、蓝海涛、张义博、周振负责第四章的撰写，张义博负责第六章、第七章的撰写，刘振中负责第八章、第九章的撰写，杨祥雪负责第十章的撰写。中国社会科学院大学周婉冰博士参与了本书的讨论和部分撰写工作。全书由涂圣伟审阅和定稿。

由于时间、水平所限，本书难免存在疏漏和不足之处，对于农民农村共同富裕这一主题的探索还有待深入，希望各位同仁不吝赐教。

涂圣伟
2022 年 10 月

目 录

第一章　中国农民农村的共同富裕之路 / 1
　一　两类村庄的富裕道路 / 2
　二　最艰巨最繁重的任务 / 6
　三　最广泛最深厚的基础 / 13
　四　农民农村共同富裕的人本逻辑 / 18

第二章　产业富农：让广大农民充分共享收益 / 21
　一　激活乡村产业"共富"价值 / 22
　二　制度、技术与市场协同 / 26
　三　让农民更多分享产业增值收益 / 32

第三章　集体强农：建设更可持续的乡村社会 / 35
　一　集体"统"的功能为什么重要？/ 36
　二　塑造新型农村集体经济 / 39
　三　农村集体经济新生力量 / 42
　四　让农民共享集体经济成果 / 48

第四章　数字赋农：催生乡村产业数字化变革 / 53
　一　数字技术与传统农业场景之变 / 54

二　乡村产业数字化转型之困 / 66
　　三　优化"四个关系组合" / 71
　　四　数字化引领"三大结构性变革" / 76

第五章　"扩中"：新生代农民工的群体跃升 / 83
　　一　"扩中"的关键群体 / 84
　　二　离中等收入群体还有多远 / 86
　　三　实现群体跃升的障碍 / 93
　　四　向中等收入群体跃升之路 / 98

第六章　"提低"：农村低收入群体富裕之路 / 104
　　一　谁是低收入者？ / 104
　　二　收入始终是核心 / 108
　　三　债务风险须警惕 / 115

第七章　深化改革：推进农村要素公平参与分配 / 119
　　一　农村要素配置改革基本导向 / 120
　　二　土地：实现城乡同地同权同价 / 126
　　三　劳动力：促进更加平等的就业 / 132
　　四　资本：更好服务"三农"发展 / 136

第八章　优化政策：加大面向农民农村的再分配力度 / 146
　　一　收入再分配的二维透视 / 146
　　二　更好地补贴农民农村 / 151
　　三　织密农村社会保障安全网 / 155
　　四　积极调动社会多元力量 / 161

第九章　国内探索：农民农村共同富裕经验镜鉴 / 165
 一　乡村经济高质量发展促共富 / 165
 二　先富带后富 / 170
 三　改革促共富 / 174
 四　经验与启示 / 179

第十章　国际启示：缩小城乡收入差距的实践 / 182
 一　我国城乡收入差距变化 / 182
 二　弥合城乡收入差距鸿沟 / 184
 三　城乡收入差距扩大之殇 / 192

参考文献 / 198

第一章　中国农民农村的共同富裕之路

"凡治国之道，必先富民"。追求共同富裕，是中华民族绵延千年的美好愿景，是中国共产党成立百年以来矢志不渝的神圣使命和奋斗目标。我们党的重要文件第一次使用"共同富裕"这个词，是1953年12月16日中共中央通过的《关于发展农业生产合作社的决议》。正是这份文件，明确提出了党在农村工作中最根本的任务，就是"使农民能够逐步完全摆脱贫困的状况而取得共同富裕和普遍繁荣的生活"。中国共产党自成立以来，一直把依靠农民、为亿万农民谋幸福作为责任使命。从翻身得解放到解决温饱问题再到实现全面小康，中国共产党带领广大农民在共同富裕的道路上不断向前迈进。如期打赢脱贫攻坚战，全面建成小康社会，亿万农民距离共同富裕的梦想从未如此之近。

历史和现实充分证明，农为邦本，本固邦宁；"三农"向好，全局主动。对我国这样一个农村人口占总人口相当大比重的国家来说，即使未来城镇化率达到较高水平，仍会有几亿人在农村就业和生活。推进实现共同富裕，最广泛最深厚的基础在农村，最艰巨最繁重的任务也在农村。只有让广大农民真正富裕起来，腰包越来越鼓、日子越过越红火，实现全体人民共同富裕才更加完整、更加全面、更加牢固。

幸福生活终究是奋斗出来的，共同富裕要靠勤劳智慧来创造。亿万勤劳的农民，正在党的坚强领导下，用双手创造更加美好的新生活。

一　两类村庄的富裕道路

（一）行百里者半九十

从贫穷到富裕并不是一条直线。正所谓"行百里者半九十"，越是接近成功，就越不能松懈。对全国12.8万个脱贫村而言，群众的生产生活发生了翻天覆地的变化，但共同富裕之路依然艰巨，张村（化名）就是其中的典型。

张村是我国西南地区的一个小山村，过去由于交通闭塞、土地贫瘠，那里的农民群众生活贫困。2020年，张村彻底摆脱了贫困，与全国人民一道过上了小康生活。

在各级政府支持下，张村发展面貌变化很大。过去到县城要走一天山路，目前已缩短到半小时公交车程。村民有的在当地发展以核桃、蘑菇等为代表的特色产业，有了自己的致富产业，有的在县城厂里工作，基本上有了稳定的收入来源。但是，张村还不算富裕，2021年村民人均可支配收入9720元，仅为全国农村居民人均可支配收入水平的一半。

2022年初，笔者通过电话对张村村民进行了调研，了解到了村民们顾虑的几件事情。

"去年，我们的蘑菇、核桃卖得都不好，"张村村支书说道，"周围好多村子和我们一样，都在搞蘑菇、核桃，产量很大，卖不出去，价格不行……已经有村民说明年不想再种蘑菇了。"的确，部分地区在选择帮扶产业时，对自身实际和市场需求考虑不足，部分产业项目过于注重短期收益，导致脱贫帮扶产业同质化，农民"丰产不丰收"。

当被问及有没有上网销售农产品的想法时，村支书回答道，"我们这快递到不了村，村里出去的年轻人给家里买东西、寄东西，都是送到镇上服务站，有时还得跑到县里去取。"尽管这些年张村道路设施有了很大改观，但物流短板依然突出。"我们村如果能通快递，出去的娃给家里买东西方便了，我们也可以考虑到网上卖农产品，说不定多个渠道，能多挣份钱。"说到此处，村支书的声调明显高了许多。

此外，还有村民谈到小孩上学的事情。由于外出打工仍然是张村村民主要的收入来源，村里有不少留守儿童，这些孩子一般由爷爷奶奶照管。一位大爷提到了他的困惑，"现在孩子作业我们都看不懂，学校老师还让我们检查作业，我们也不知道怎么办；这些娃也不好管了，不是整天看电视，就是三五个一起抱着手机打游戏，爷爷奶奶的话都不听"。之前，笔者也曾访谈过张村几个外出打工的年轻人，他们表示也想在家门口打工就业，这样还能管管孩子，但县里工厂的工资不高，工作不太稳定，有时候活不多要闲在家里一两个月，不划算。

除了孩子教育问题外，村支书也谈及老人看病问题。村支书说："这几年村里人都有了合作医疗，看病能报销，老人以前是小病不看、大病小看，现在敢看病、敢吃药了；但是，如果得了大病、怪病，也就是去县里看看、弄点药吃，一说到要做手术、住医院，很多人还是不敢想。要是合作医疗报销比例再高点，特别是管大病和一些怪病，就蛮好了。"虽然隔着电话，但我们也能清晰地感受到村民对病有所医的憧憬。

村支书还咨询道，"村里没有收入，怎么能让集体有收入？"他之前在《新闻联播》里看到其他地区的村子有集体收入，既能给村民买各种医疗保险、养老保险，还能每年给村民分红、过节办集体活动，他很羡慕。据调查了解，张村的集体经济收入主要靠上级政府拨款，除维系村里的日常事务开支外，根本没有富余的钱来给村民办活动,更谈不上年底分红了。如今,不少村民的文娱活动除了看电视、玩手机外,就是一起打打麻将,村支书说:"打麻将赢钱了,高兴了一会;输钱了,有的两口子就吵架,关系都搞不好;这样不好。"

其实,脱贫后如同张村的村子还有很多,许多村子路通了,但快递进不来,买东西、卖山货实现不了;有了帮扶产业,产业可持续性还不强,有的年份挣不到钱;小孩上学、老人看病,解决了基本问题,但离老百姓对美好生活的向往还有差距。

脱贫摘帽不是终点,而是新生活、新奋斗的起点。要实现共同富裕,类似张村这样的村庄依然还有较大距离。也只有这些村庄都富裕起来,共同富裕的底色和成色才更足。

(二)富裕到贫困也时常发生

实现富裕的道路既是艰难的,也是曲折的。即便实现了"富裕",依然可能遭遇富裕的可持续之困。作为曾经的全国集体经济明星村,中部地区的华村(化名)就经历了从贫穷到富裕再到落后的发展历程。

改革开放前,由于人均土地资源较少,加之土地贫瘠,华村在当地十里八村是有名的"点灯没油、耕地没牛、干活选不出头"的"烂杆村"。改革开放后,随着创办村级企业浪潮在全国掀起,华村接连创建了砖瓦厂、水泥厂、石化厂等,踏上了创办工业企业的发展之路,村办企业"拔地而起"。华村多数村民农忙时在地里干活、农闲时在厂里上班,收入水平有了很大提升,村里也有了集体收入。1984年,华村利用集体收入,率先开展了集中建房、村庄风貌美化,成为当地有名的村庄。

1988年,华村成立了农工商总公司,后又建起了硅铁厂、印刷厂、海绵厂等,村办企业发展进入繁盛时期,村办企业数量接近20家。在村办企业上班,成为华村村民的主要收入来源。1990年,华村村民人均收入达到 1000 多元，比全国平均水平高出 60%；同时，当地涌现出了多个"万元户"。在那个年代，华村不仅是全县的标杆村，而且是全省的明星村，每年前来参观学习的人络绎不绝。

然而，好景不长。进入 20 世纪 90 年代，国家开始对乡镇企业进行治理整顿，关、停、并、转了一批经济效益差、浪费能源和原材料、污染严重的企业。华村也被迫关停了砖瓦、水泥、石灰等工厂，有的工厂索性直接卖给村里懂经营、会管理的人员，改制成私有企业。还有的村干部"下海"，带着一批技术人员、拉着一批骨干工人到镇里办起了企业。受此影响，部分村民不得不走出工厂，收入水平也出现了较大滑坡。

20 世纪 90 年代后期，国家再次整顿乡镇企业，淘汰落后产能，全国高耗能、高污染的村办小企业陆续破产倒闭。华村办企业、搞管理的技术人员陆续出走，一些早期没有关停的村办企业，由于缺乏人才支撑，经营效益不好，在此次整顿中也全部关停了。截至 2000 年，华村轰轰烈烈长达 20 年之久的村办企业历史也彻底落下了帷幕。华村村民既干农业又办工业，干两份"事业"、挣两份收入也成为过去。务农收入再次成为华村村民收入的主要来源，其相较于其他村的领先优势也逐渐消弭，甚至落后于那些土地较多的村子。

到 2010 年，华村青壮年劳动力几乎全部外出务工了，昔日全省的小康村、明星村也衰落成典型的"空心村"，与我国多数地区的村庄形态并无二致，村子也没有了集体经济收入。根据笔者调查，2010 年华村农民人均纯收入 5100 元，比全国平均水平低 14%。

2014 年，华村有 20 户村民进入国家建档立卡贫困户名录。

2019 年 11 月，在国家政策帮扶下，华村最后一名建档立卡贫困户脱贫。

2021 年，华村集体经济收入主要来自政府拨款，仍然没有集体经营性收入。

2022年，在国家推进农民农村共同富裕的背景下，华村也在思考着自己的出路和未来……

二 最艰巨最繁重的任务

张村和华村只是全国千千万万个村庄的两类代表，从它们身上，我们看到了共同富裕之路的长期性、艰巨性和复杂性。促进全体人民共同富裕，不会一蹴而就。如何让广大农村富裕起来，依然是最艰巨最繁重的任务。

（一）脱贫人口的致富之路依然艰巨

贫困是人类社会的顽疾，不仅在于其复杂性，还在于其伴生的饥饿、疾病等，会对经济社会发展带来严峻挑战，也在于脱贫后还可能出现返贫，这依然困扰着许多国家。党的十八大以来，我国平均每年1000多万人脱贫，相当于一个中等国家的人口脱贫。

图 1-1 我国贫困人口和贫困发生率变化

资料来源：《人类减贫的中国实践》白皮书。

从全球减贫实践看，除中国外，没有任何一个国家能够在这么短的时间内实现数亿人脱贫。这也意味着，对我国如此大规模的脱贫人口而言，防控好返贫风险、阻断贫困再生，本身就是一项十分艰巨的任务。要切实看到，"相当一部分脱贫户基本生活有了保障，但收入水平仍然不高，脱贫基础还比较脆弱；一些边缘户本来就晃晃悠悠，稍遇到点风险变故马上就可能致贫"。[1]

稳定脱贫不返贫才是真脱贫。推进农民农村共同富裕，必须全面消除导致贫困的制度性、结构性因素，让脱贫人口能够通过自己的双手勤劳致富，彻底摆脱贫困陷阱，坚决守住不发生规模性返贫底线。在此基础上，更需要千方百计增强脱贫人口的内生动力和自我发展能力，在持续增收上下更多功夫、想更多办法。

我国现行脱贫标准是一个综合性的多维指标，其中，核心指标是农民年人均纯收入不低于2300元（2010年不变价），每年根据物价指数、生活指数等进行动态调整。2012~2020年，我国实际执行的最低贫困标准从每人每年收入2625元提升至4000元。如果按购买力平价计算，这一标准不仅高于世界银行日人均收入1.9美元的贫困标准，也高于联合国2030年可持续发展议程提出的绝对贫困线。同时，我国还把"两不愁、三保障"，即确保农村贫困人口不愁吃、不愁穿，义务教育、基本医疗、住房安全有保障，作为贫困人口脱贫的基本要求。

比较来看，我国的脱贫标准较高，但与中高收入国家的贫困线相比有一定差距，离达到富裕水平也还有很大距离。2020年，我国脱贫地区农村居民人均可支配收入12588元，仅为全国平均水平的73.5%。由此来看，防止规模性返贫、以更高标准持续减贫，促进脱

---

[1] 习近平：《坚持把解决好"三农"问题作为全党工作重中之重 举全党全社会之力推动乡村振兴》，《求是》2022年第7期。

贫人口持续增收，是推进实现农民农村共同富裕回避不了且必须解决好的问题。

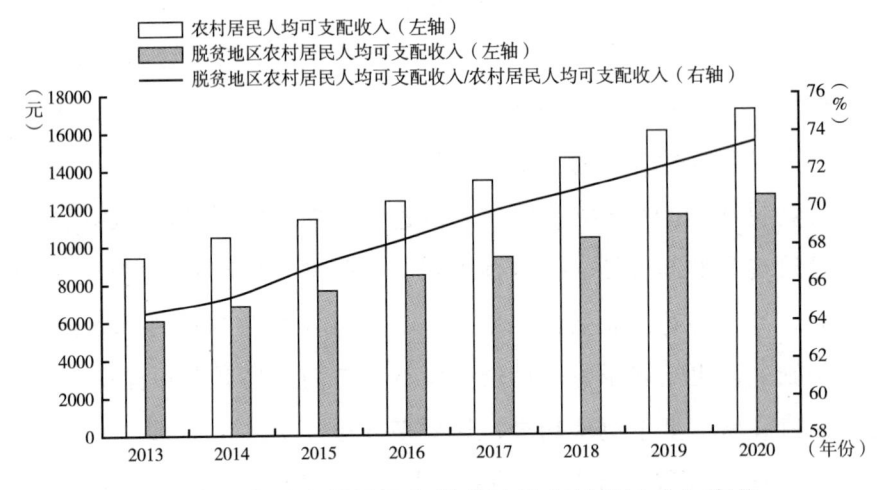

图 1-2 我国农村居民和脱贫地区农村居民收入变化

资料来源：《中国统计年鉴》、《人类减贫的中国实践》白皮书。

（二）农业是现代化建设最薄弱的领域

富裕必须建立在一定的物质基础之上，没有生产力的高度发达，就不可能有物质财富的充分积累，也就无法实现共同富裕目标。对我国而言，实现农民农村富裕没有捷径，必须依靠加快推进农业现代化，促进乡村经济高质量发展。作为人口众多的农业大国，即便将来城镇化定型成熟后，我国也不会像一些发达国家那样，农村人口占总人口的比例降至很小。我国依然会有数亿人生活在农村，主要依靠乡村产业发展获得收入，这也是我国为什么不能让农村荒芜和农业萎缩的原因。只有实现了农业农村现代化，农民共同富裕才可能真正实现。

当前，我国农业现代化不断推进，但仍是整个现代化中最突出的短板，滞后于工业化、城镇化和信息化。农业基础还比较差，底子比较薄弱。我们通常衡量一个部门的劳动生产率，可以采用比较劳动生产率这一指标，即该部门产值比重与劳动力比重的比率。据此测算，我国农业比较劳动生产率还不高，与其他部门存在较大差距。2021年，我国第一产业、第二产业的比较劳动生产率分别为0.32和1.36。

我国是耕地资源相对短缺的国家，人均耕地只有1.36亩，远低于世界平均水平，也低于亚洲平均水平，人地关系较为紧张。要在这样超小经营规模基础上推进农业现代化，任务之艰巨、过程之复杂、难度之大可想而知。同时，面对资源要素刚性约束趋紧、人口老龄化程度不断加深等挑战，加快推进农业现代化，特别是引导广大小农户进入现代农业发展轨道，依然需要进行长期且艰辛的探索。

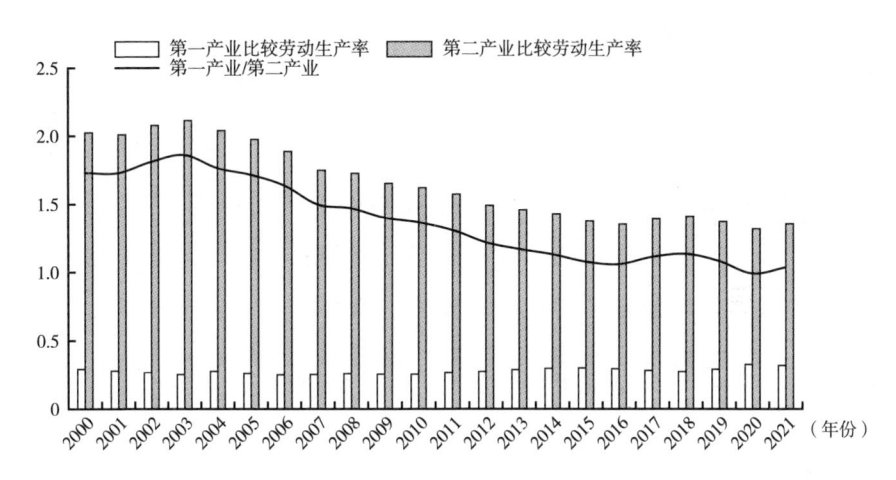

图 1-3　我国第一产业和第二产业比较劳动生产率变化

资料来源：根据国家统计局数据测算。

（三）城乡收入差距仍处在较高水平

实现共同富裕，核心问题是增加收入。当前推进共同富裕，最大的难点是缩小城乡差距，而城乡差距最直观的表现是城乡居民收入差距。不容否认，改革开放以来我国经济快速发展，农民收入持续增长，城乡居民收入比呈现前期波动、后期逐步下降的态势，1983年达到1.82∶1的最低点，2007年达到3.14∶1的最高点，此后连续14年下降，2021年下降到2.5∶1。尽管我国城乡居民收入比不断下降，但从世界范围来看仍然属于较高水平。特别是，城乡居民收入绝对差距并没有缩小，反而逐步扩大，自2008年突破1万元后，2021年这一差距扩大到2.8万元。

同时，我国农村居民收入增速连续10余年快于城镇居民，但要保持这一增长势头，面临的挑战越来越大，突出表现为过去支撑农民收入较快增长的动力，出现了不同程度的衰减趋势。

长期以来，经营净收入和工资性收入是驱动农村居民收入增长的"双引擎"，但其增长动力均开始减弱。从经营净收入看，由于农产品价格形成机制尚不完善，农业生产成本持续上涨，价格"天花板"和成本"地板"双重挤压，造成农业比较收益趋于下降。从工资性收入看，我国经济增长速度放缓，发展面临的不确定性加大，工资性收入较快增长的空间不断缩窄。另外，转移净收入增长受到一定限制，财产净收入增长也面临诸多制度性障碍，潜力没有得到充分释放。

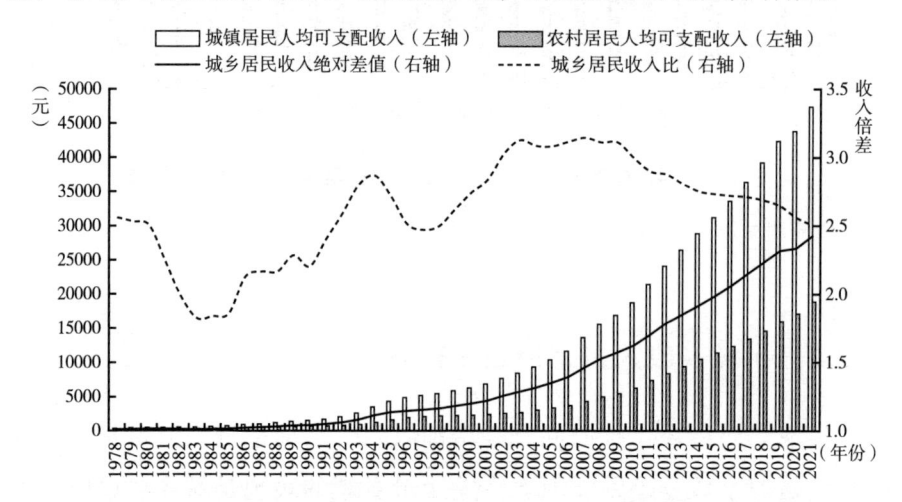

图1-4　1978~2021年我国城乡居民人均可支配收入变化

（四）农村发展不充分是最大的不充分

衡量生活是否达到富裕水平，要看广大农民的美好生活需要有没有得到有效满足，是否过上了有品质的美好生活。关于什么才是高品质生活，没有统一标准，每个人的感受都不一样，但至少表现为优越的生活环境、可靠的社会保障、满意的工作和收入、健康的生活方式等。支撑高品质生活，离不开完善的现代化设施体系、高质量的公共服务供给体系。

改革开放特别是进入21世纪以来，我国乡村面貌发生了翻天覆地的变化，农村生活条件明显改善。截至2020年底，全国农村公路里程达438万公里，贫困地区具备条件的乡镇和建制村全部通硬化路、通客车、通邮路。农村自来水普及率达到83%，农村卫生厕所普及率超过68%，生活垃圾收运处置体系覆盖90%以上的行政村，[①]全国行政村通光纤、通4G网络比例均超过98%，[②] 基本实现农村城市"同网同速"。曾经破旧的土坯房已不见踪影，泥泞难行的乡间土路成为历史，缺医少药的状况得到明显改善……农民的日子一天过得比一天好。

然而，我国城乡基础设施和公共服务水平差距依然较大，互联互通、共建共享程度不高，农村道路、供水、供气、环保、信息等基础设施建设标准依然偏低，教育、医疗等公共服务质量不高，与农业农村现代化的要求和农民群众对美好生活的向往还有较大差距。以信息化建设为例，据《中国互联网络发展状况统计报告》，2021年我国城镇地区互联网普及率为79.5%，农村地区互联网普及率为57.6%，城乡数字鸿沟依然十分明显。

[①] 《"三农"工作重心转向全面推进乡村振兴》，《经济日报》2021年1月14日。
[②] 《"十四五"全国农业农村信息化发展规划》，2022年3月9日。

从老百姓最关心的医疗卫生来看，据《我国卫生健康事业发展统计公报》，我国大量优质医疗资源集中在城市，全国医疗卫生机构数量超过百万个，但乡镇卫生院、村卫生室数量减少，分别从2012年的3.7万个、65.3万个下降至2020年的3.6万个、60.9万个。2021年，全国每千人口医疗卫生机构床位数6.7张，农村为6.01张；全国每千人口执业（助理）医师数3.04人，农村仅2.42人。

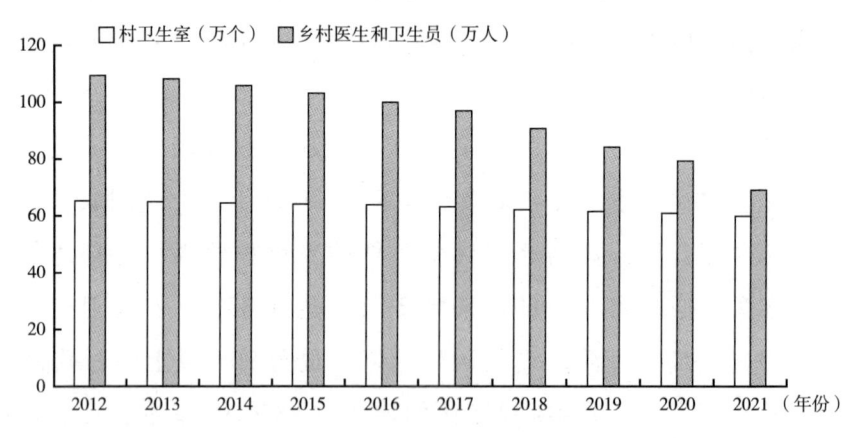

图1-5 我国村卫生室和乡村医生、卫生员数量变化

同时，农村基础设施和公共服务的投入机制不健全，存在投入分散、"九龙治水"现象，基础设施长效管护机制不完善，"重建设、轻管护"，往往是"上级管得到而看不到、村级看得到却管不了"，农村基础设施长期运行和发挥效益缺乏足够保障。

表1-1 我国农村基础设施建设和基本社会服务情况

单位：%

村庄类型	全国	东部地区	中部地区	西部地区	东北地区
通天然气的村	11.9	10.3	8.4	18.3	4.7
有电子商务配送站点的村	25.1	29.4	22.9	21.9	24.1
生活垃圾集中处理或部分集中处理的村	73.9	90.9	69.7	60.3	53.1

续表

村庄类型	全国	东部地区	中部地区	西部地区	东北地区
生活污水集中处理或部分集中处理的村	17.4	27.1	12.5	11.6	7.8
有本级政府创办的敬老院的乡镇	56.4	61.9	78.0	43.3	40.8
有卫生室的村	81.9	71.9	89.3	86.9	86.2
有执业（助理）医师的村	54.9	49.4	66.7	49.9	60.6
有幼儿园、托儿所的村	32.3	29.6	36.5	33.0	25.8
有体育健身场所的村	59.2	72.2	55.5	46.0	62.8

资料来源：《第三次全国农业普查主要数据公报（第三号）》，2017年12月15日。

三 最广泛最深厚的基础

从全球范围看，多数国家在推进现代化进程中都不同程度地出现过农村衰败、农业萎缩的问题，有些国家至今依然没有很好地解决城乡差距扩大问题。我国作为一个发展中的人口大国，农业人口占相当大的比重，实现共同富裕，最广泛最深厚的基础也在农村。

（一）乡村是美好生活的重要承载

乡村与城镇各自具有不可替代的重要功能，共同构成人类活动的主要空间，在满足城乡居民需求方面发挥着不同的作用。乡村作为一个自然、社会、经济特征的地域综合体，兼具生产、生活、生态、文化等多重功能，除了为人类提供食物、纤维以外，还是生态涵养的主体区域和中华文明的基本载体，也是农民繁衍生息之所。

长期以来，农业的作用被狭义理解为提供吃饱喝足穿暖的原料，乡村功能也因此被视为以农业生产为核心展开的村庄生产、生活与交往三个层面交织在一起的村庄活动。① 这种传统"生产主义"视角，将生产功能作为乡村最基础的、不可或缺的功能，有其现实合理性，这是由于我们过去很长时间以来都没有从根本上摆脱"马尔萨斯陷阱"。② 然而，随着技术的持续进步、城乡社会结构形态的转变，乡村的生产功能依然重要，但其生态、社会和文化价值也不断凸显。

如今的乡村，已经不再是封闭的、自给自足的乡土社会，而是流动的、开放的乡村，不仅是农民生产生活之所，同时还承载着广大城市居民的美好生活向往。乡村不仅有优质的农产品，还有醇厚的乡愁；不仅有入乡消费的城市居民，还有返乡入乡创业的人群。据文化和旅游部数据，2019 年，我国乡村旅游接待人数达到 30.9 亿人次，占国内旅游总人数的一半。另据农业农村部监测，到 2021 年底，我国返乡入乡创业人员达到 1120 万人。长期强调乡村的生产功能，造成农业多功能性开发还很不充分。随着城乡居民对优质农产品和服务的需求增加，进一步丰富和拓展乡村功能，对增加农民收入、满足城乡居民美好生活需要都有积极意义。

（二）农村要素市场化配置蕴藏改革红利

对于我国过去 40 多年的经济增长奇迹，各方有着不同的解释。一个被普遍接受的观点，是劳动力从农村向城市规模化转移，带来农业与工业部门要素重新配置，进而提高了全要素生产率，促进了经济扩张和收入增长。据程名望等测算，1978~2015 年我国农村劳动力转移对非农业部

---

① 刘祖云、刘传俊：《后生产主义乡村：乡村振兴的一个理论视角》，《中国农村观察》2018 年第 5 期。
② "马尔萨斯陷阱"是指人口呈几何级速度增长，而生产资料呈算术级增长，食物产出增长速度跟不上人口增长速度，最终会出现饥荒、瘟疫、战争等，从而使人口减少。

门产出贡献率和社会总产出贡献率分别为 11.64% 和 10.21%，劳动力转移使自身生产率提高 4.49 倍，对经济增长的贡献为 7.93%。①

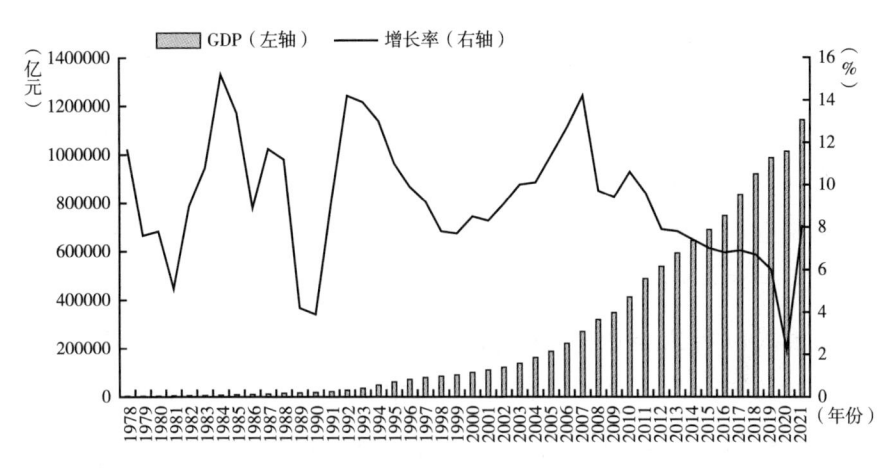

图 1-6 我国 GDP 及增长率

资料来源：国家统计局网站。

农村剩余劳动力向城市流动，进入生产率更高的部门，由此带来的资源重新配置效应，被认为是人口红利的重要表现。然而，经过大规模持续转移，劳动力在农业与非农产业之间重新配置的效应逐渐弱化。那么，我国经济高质量发展的潜在动能在哪里？

答案依然是提升要素配置效率。要素配置效率对全要素生产率具有关键影响，后者被普遍视为经济高质量发展的动力源泉。在各类生产要素中，劳动力是最活跃、最能动的要素。劳动力要素"动"起来，无疑为激活土地、资本、技术等要素提供了条件。然而，由于存在体制机制等方面的障碍，包括劳动力在内的农村要素市场化配置程度都不高，各类要素在城乡之间无法自主有序流动和优化配置。通过

---

① 程名望、贾晓佳、俞宁：《农村劳动力转移对中国经济增长的贡献（1978~2015 年）：模型与实证》，《管理世界》2018 年第 10 期。

完善要素市场化配置机制，可以有效释放经济潜在增长能力，依靠改革红利使城乡居民普遍获益。

（三）进城农民工是"扩中"的重要来源

扩大中等收入群体是未来实现共同富裕的一个重要途径。对于中等收入群体的定义，并没有确切统一的标准，存在诸多争论。目前，主要有相对标准和绝对标准之分。绝对标准是基于维持相应生活水平所需要的收入来设定的，目前被广泛采用的绝对标准以世界银行贫困线（日人均收入1.9美元）为参照系，提出日人均收入介于10~50美元或10~100美元的人为中等收入者。相对标准以收入分布的中位值或平均收入为基线，收入中位数的50%或75%为中等收入群体的收入下限，收入中位数的1.5倍或2倍为上限。

不论是绝对标准还是相对标准，目前我国最有可能进入中等收入群体的主要是高校毕业生、技术工人、中小企业主和个体工商户，还有一些进城农民工。2021年，全国农民工总量2.93亿人，月均收入4432元，其中，外出农民工月均收入5013元。

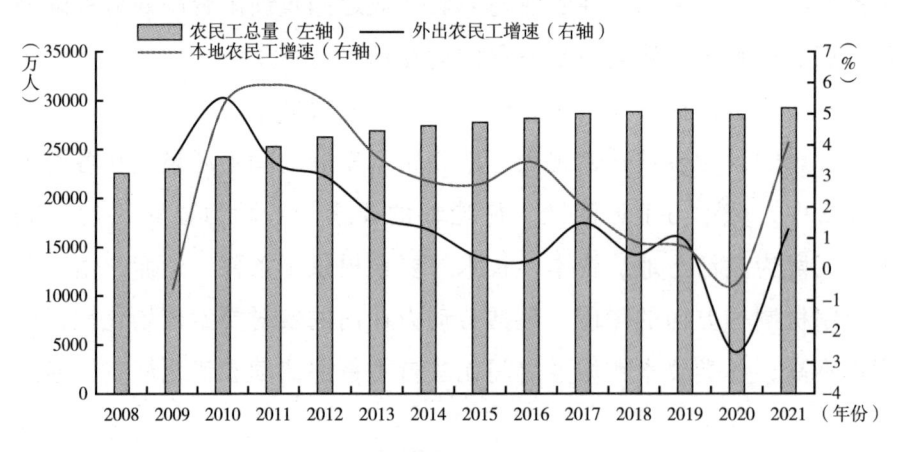

图1-7 我国农民工总量及增速

资料来源：历年农民工监测调查报告。

尽管按照国际上"中等收入"的绝对标准，我国农民工已经可以被视作中等收入者，然而，农民工的就业和收入稳定性普遍还不高，仍不能均等享受子女教育、住房保障、医疗卫生、文化生活等城市基本公共服务，进了城却融不进城市，相当一部分还处在"漂"的状态，以此来看，他们中的大多数都还不是真正意义上的中等收入者。

与此同时，如果在城市户籍制度改革和基本公共服务均等化方面有更大突破，在完善进城落户农民农村土地承包权、宅基地使用权、集体收益分配权等"三权"市场化退出机制方面取得更多进展，做好"一进一退"两篇文章，让他们安心进城、稳定就业、全面融入，农民工群体向中等收入群体跃升的潜力空间就会充分释放出来。

（四）文化的潜力

"仓廪实而知礼节，衣食足而知荣辱。"推进共同富裕既是一个物质积累的过程，也是一个精神富足的过程，两者相互促进、缺一不可。当物质生活逐步富裕后，人的追求就会向精神生活发展，精神生活也会成为决定人们富裕和幸福程度的关键因素。

实现精神富有，文化要先行。优秀的文化能够丰富精神世界，增强精神力量。从满足人民群众多样化、多层次、多方面的精神文化需求看，保护和传承好农耕文明具有极为重要的意义。中华文明根植于农耕文化。在我国五千年文明史中，勤劳智慧的中华民族创造了光辉灿烂的农耕文化，其蕴含着丰富的思想观念、人文精神和道德规范。

然而，在我国快速的工业化和城镇化进程中，乡村原有的传统社会生活不断被打破，乡土文化陷入边缘化困境，不养父母、不管子女、不守婚则、不睦邻里等有悖家庭伦理和社会公德的现象增多。推进农民农村共同富裕，需要守护好乡村文化的根脉。同时，在保护和传承的基础上，推进乡村文化的创造性转化、创新性发展，也会为乡村振兴注入强大的文化力量。从地方实践看，这方面已经涌现出不少的典型。

在农业农村部推荐的首批全国村级"乡风文明建设"优秀典型案例中，浙江省杭州市下姜村就非常具有代表性。下姜村原本是一个"土墙房、半年粮，有女不嫁下姜郎"的穷山沟，通过生态、文化建设，逐步转变成"绿富美"的村庄。2019年，下姜村农村居民人均可支配收入达到了39693元，较2003年增长了12倍，接待游客人数达73.3万人次。下姜村转变的背后，是复活乡村文化空间、传承乡村文化底蕴的结果。下姜村从2012年开始修村志，挖掘梳理八月初三、伊家十三锣等特色民俗活动和传统手艺，此后借力乡村旅游，积极兴办文创产业，一批批结合"老手艺"和"新文化"的文创产品，既"活化"了本村村民的乡土记忆，也让游客生动感受到了下姜村的文化魅力。

四 农民农村共同富裕的人本逻辑

（一）共同富裕的思想渊源

共同富裕是人类古老而长久的向往，其思想源远流长。其中，比较有代表性的是儒家的"大同"思想。中华民族的先人们，早就向往物质生活充实无忧、道德境界充分升华的大同世界。关于"大同"社会，最早在《礼记·礼运》中就有具体描述，"大道之行也，天下为公，选贤与能，讲信修睦，故人不独亲其亲，不独子其子，使老有所终，壮有所用，幼有所长，鳏、寡、孤、独、废疾者皆有所养。男有分，女有归，货恶其弃于地也，不必藏于己，力恶其不出于身也，不必为己。是故谋闭而不兴，盗窃乱贼而不作，故外户而不闭，是谓'大同'"。[①]"大同社会"作为我国古代儒家所宣传的最高理想社会

[①] （清）孙希旦撰《礼记集解》，中华书局，1989。

或人类社会的最高阶段，为历代儒客推崇。

古代思想家孔子、孟子等基于人的重要性和保持"人本之心"的道理，指出人是寰宇世界的中心和万物的主宰，特别是"天人感应""天人合一"之说，将人置于天地之间，强调了人的重要性。墨子由此提出"爱利万民、确保全社会每个人利益的'公利'标准与'兼爱'原则"，即"不辟（避）亲疏、爱无差等、人与人相爱"。东晋陶渊明曾设想的"黄发垂髫，并怡然自乐"的桃花源，[①] 也是大同社会理想的体现。

经过唐宋至明清，大同社会理想开始逐步侧重于主张"利民富民、平等思想"，认为治理天下者应当顺性而为，使天下之欲无不遂，天下之情无不达，最终达到天下大治。到了近代，章太炎的《五无论》、康有为的《大同书》、孙中山的《建国方略》、蔡元培的《中国伦理学史》，如此等等，再次体现出鲜明的大同世界色彩的同时，也彰显了这段时期资产阶级革命派对于共同富裕思想革故鼎新的时代特色。

"大同"，代表了古人对理想社会的最高憧憬，尽管在历史上从未真正实现过，但为当前推进共同富裕提供了丰富的思想渊源，至今依然具有启发意义。

（二）以人为本的逻辑

"民者，万世之本也。"共同富裕是全体人民的富裕，人民是共享发展的主体，共同富裕集中体现了以人民为中心的发展思想的价值追求。以人为本的理念内在地蕴含着对人的本质，亦即人作为主体存在的自我创造和自我塑造过程的肯定。基于价值取向角度，这种自我创造和自我塑造过程，强调的便是人的自由而全面的发展。

[①] （晋）陶渊明：《陶渊明全集》，上海古籍出版社，1998。

促进共同富裕与促进人的全面发展是高度统一的。马克思在《1844年经济学哲学手稿》中指出,只有在实现共同富裕的基础上,人才能"以一种全面的方式,就是说,作为一个完整的人,占有自己的全面的本质"。实现共同富裕必然意味着人的全面发展。

如果从人本逻辑来理解农民农村共同富裕,则其应该包括农民个体的全面发展和农村社会的全面进步,是指通过广大农民的勤劳创新和相互帮助,农村普遍达到生活富裕富足、精神自信自强、环境宜居宜业、公共服务普及普惠、社会和谐和睦,农民普遍过上美好幸福生活的一种社会状态。

农民农村共同富裕包含的两个关键词"富裕"和"共同",是有机统一的。所谓"富裕",强调的是解放和发展农村生产力;所谓"共同",强调的是公平分配发展成果,全体农民能够平等地享受发展成果。目前,对此还存在一定误解。

比如,将"富裕"简单视为一种经济现象,仅以收入水平的高低作为衡量标准,这是对富裕比较狭义的理解。改革开放以来,我国经济持续快速发展,农民收入水平持续提高,但不容忽视的是,部分先富起来的乡村,出现道德失范、文化低俗、迷信盛行、拜金主义等乱象,这一事实表明,富裕并不是单纯的收入水平提高,精神富足同样重要。农民农村共同富裕,既是一个物质富裕现实,也是一种精神富裕状态,其内在地包含着物质和精神的富足,是物质富裕和精神富裕的统一。

再如,将"共同"理解为平均主义,认为实现农民农村共同富裕就是进行财富再分配。我国农村生产力发展还很不充分,推进农民农村共同富裕首先要解放和发展农村生产力,通过广大农民群众勤劳创新把"蛋糕"做大做好,在此基础上,通过合理的制度安排把"蛋糕"切好分好。但是,"分蛋糕"不是搞平均主义。综观历史,平均主义不会带来共同富裕,只能导致共同贫穷。因此,农民农村共同富裕不是均等富裕,达到一个富裕水准,而是一种合理的、有差别的富裕。

第二章 产业富农：
让广大农民充分共享收益

过去，我们常常提到农业、农村经济，却较少谈及乡村产业。如今，乡村不再是单一从事农业生产的地方，还兼有生态涵养、休闲观光、文化体验等多重功能。人们对美好生活的向往，既有柴米油盐酱醋茶，也有"望山看水忆乡愁、养眼洗肺伸懒腰"，农业农村功能逐渐由产品供给向休闲娱乐、文化传承等拓展，乡村产业边界日渐模糊，带有浓厚地域色彩、体现产业融合的综合性词语"乡村产业"逐渐兴起。

何为乡村产业？2019年，国务院印发《关于促进乡村产业振兴的指导意见》，对乡村产业进行了定义，即乡村产业根植于县域，以农业农村资源为依托，以农民为主体，以农村一二三产业融合发展为路径，地域特色鲜明、创新创业活跃、业态类型丰富、利益联结紧密，是提升农业、繁荣农村、富裕农民的产业。推进农民农村共同富裕，既要通过乡村产业规模提升、结构优化、效益增值，进一步做大"蛋糕"，更需要健全乡村产业联农、带农、惠农机制，让乡村产业发展效益惠及亿万农民家庭。

一 激活乡村产业"共富"价值

（一）未来仍有数亿人口留在乡村生活

我国是人口大国，城镇化进程还没有结束，未来即便城镇化定型成熟后，仍会有大量人口居住生活在农村，这是基本国情农情。当我国常住人口城镇化率达到70%时，农村人口比当前美国总人口还多1亿，相当于欧洲总人口的55%。

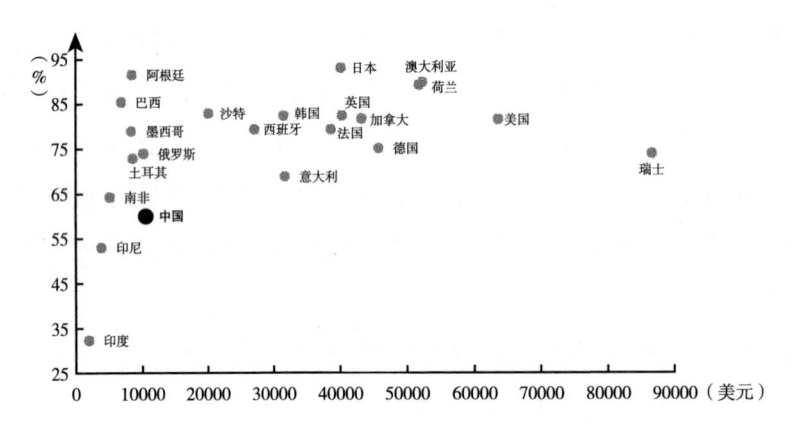

图 2-1 我国与世界主要国家的城镇化率和人均GDP比较

数据来源：世界银行，2020年数据。

要保障广大农村人口的生活，必须确保其有稳定的收入来源，而稳定的收入离不开乡村产业的发展。2021年，我国农村居民人均可支配收入18931元，其中工资性收入和经营净收入占主导地位，分别占42.0%和35.0%，两者之和超过了3/4，可见，农村居民收入与乡村产业发展紧密相关。

表 2-1　不同城镇化率情境下我国农村人口规模

城镇化率(%)	农村人口（亿人）	备注
65	5.08	相当于欧洲总人口的 71.7%,美国与尼日利亚人口之和
70	4.35	比美国总人口仍多 1 亿,相当于欧洲总人口的 55%
75	3.63	仍多于美国总人口,相当于欧洲总人口的 45.9%
80	2.90	多于印度尼西亚总人口,是日本总人口 2 倍有余
85	2.18	略多于巴西总人口

注：按照我国 14.5 亿人口总量测算。

反观其他两项收入，农村居民转移净收入增长空间趋紧，财产净收入增长较缓且占比不高，短期内难以支撑农村居民收入快速上升。可以预见，未来农民增收很大程度上还离不开乡村产业的发展，并且将有数亿人依靠乡村产业迈入富裕之门。

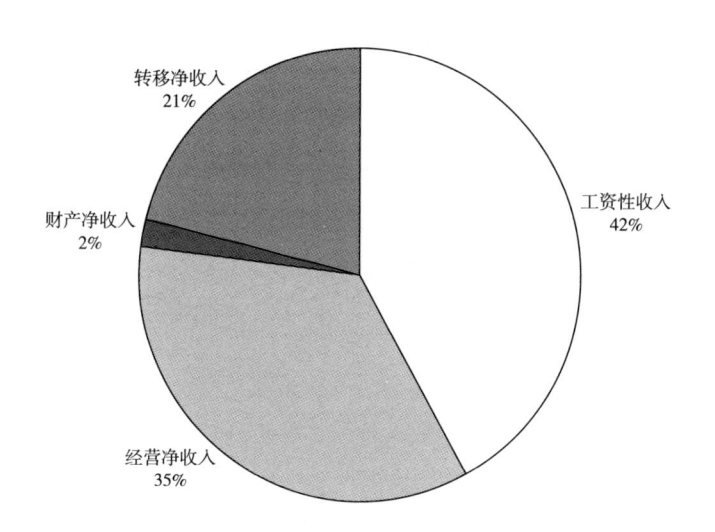

图 2-2　2021 年我国农村居民人均可支配收入构成

数据来源：国家统计局。

（二）短链型传统农业难以支撑农民农村共同富裕

改革开放以来，我国农业现代化取得长足进步，主要农产品彻底告别"短缺"局面，为解决温饱问题、摆脱贫困作出重大贡献。然而，我国农业产业链条总体偏短，第一产业向后端延伸不够，以供应原料为主，附加值不高。2021年，我国农产品加工业与农业总产值比为2.5∶1，远低于发达国家3.5∶1的水平，农产品加工转化率为70.6%，比发达国家低近15个百分点。

短链型农业能够解决温饱问题，但不足以缩小城乡收入差距、支撑农民实现富裕。近年来，我国三种粮食、两种油料、棉花等主要农产品种植净利润总体呈下滑趋势，难以支撑农民持续增收。为此，亟须改变当前农业发展现状，积极发展长链型、农民主体性的乡村产业，延伸农业产业链条、提升农业价值链；同时，依靠建立更加紧密的利益联结机制，让农民充分享受到产业增值收益。

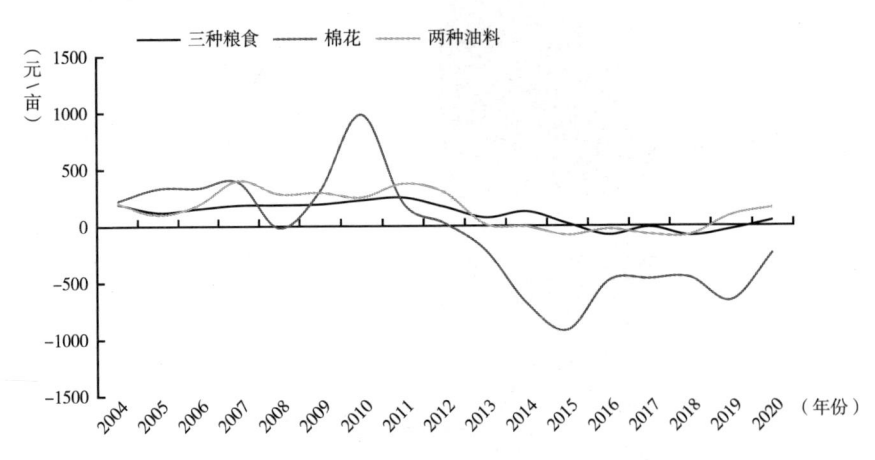

图2-3 我国主要农产品种植净利润变化

注：三种粮食指稻谷、小麦和玉米，两种油料指油菜籽、花生。
数据来源：历年《全国农产品成本收益资料汇编》。

（三）乡村产业联农带农惠农空间大、潜力足

我国乡村产业仍处于升级期，未来还有很大的发展空间，对促进农民增收、推动农民农村共同富裕具有重要作用。乡村产业具有两大鲜明特色，一是根植乡村，二是农民主体性，这种产业特性赋予了乡村产业"亲农民"特征。与一般产业相比，乡村产业的空间属性是乡村，是利用乡村资源优势发展起来的产业。

乡村产业以乡村资源禀赋和独特历史文化资源为基础，是根植于农业农村、彰显地域特色和乡村价值的乡土经济活动，如特色种养、特色手工业、农产品加工、乡村旅游等，这些产业工作技能要求、活动场域与农民惯习相适应，适宜农民就业增收。

不同于城镇第二、三产业，乡村产业突出农民的主体作用。在产业投资方面，乡村产业由农民主办、以农民投资为主；在吸纳就业方面，乡村产业的就业群体以农民为主；在收益分配方面，农民能够充分分享产业增值收益，实践中形成了多样化、紧密型利益联结机制，如"订单收购+分红""保底收益+按股分红""土地租金+务工工资+返利分红"等。在服务对象方面，以服务"三农"为主，如为农民生产提供农业社会化服务，为农民生活提供产品购销服务等。

从产业特性看，乡村产业具有长链型、高附加值等特征，对农民增收的带动效果明显。与传统种养业不同，乡村产业在链条延伸、创新发展、品牌塑造等方面具有较大优势。在链条延伸上，伴随新技术的广泛应用、新功能的持续拓展，乡村产业通过纵向延伸、横向拓展，业态逐渐多元化，如"农业+"加工、流通，催生中央厨房、直供直销等外部延伸型农业，"农业+"文化，衍生出乡村旅游、高端康养等产业，"农业+"信息产业孕育在线农业、数字农业等智慧型农业，大幅提高了传统农业价值。在创新发展上，新技术在乡村产业中的广泛应用，加快了工艺改进和设施装备升级，提升了生产效率。

在品牌塑造上，许多地区在发展乡村产业过程中，重视品牌培育，注重打造乡土特色品牌，实现了品牌增值。

客观地看，我国乡村产业的"富农"效果逐渐显现，但受到体制机制障碍和发展条件限制，乡村产业发展优势并没有充分释放、潜力还没有完全显现。比如，乡村产业发展普遍面临资源要素制约，资金、技术、人才向乡村流动仍有诸多障碍；乡村产业发展方式也较为粗放，创新能力总体不强，外延扩张特征明显；产业链条延伸不充分，第一产业向后端延伸不够，第二产业向两端拓展不足，第三产业向高端升级滞后；等等。当然，从另一个角度看，短板也是潜在空间，这意味着未来我国乡村产业发展空间还很大，在带动农民增收致富方面还有潜力。

二　制度、技术与市场协同

（一）"三高一强"特征

2017年底，中央农村工作会议在北京召开，首次提出"质量兴农"，作出"走质量兴农之路"的重要部署。随后，2018年被确定为农业质量年，高质量发展成为我国农业发展的主基调。走质量兴农之路，不仅是为了解决农业发展大而不强、方式粗放等问题，更是适应我国经济发展阶段转型的必然要求。

长期以来，农业和农村扮演着食物供给、要素贡献的角色，生产功能、增产导向凸显。当经济社会进入高质量发展阶段，尽管乡村产业的基础性地位没有发生变化，但发展导向、功能和形态都应有所变化，从主要满足"吃饭"问题向满足城乡居民美好生活需求转变，从以生产功能为主向价值多元化转变，以农业为主体的乡村产业势必要经历深层次的变革。向高质量发展跃升，是乡村产业发展的根本方向。

当然，转型不会一蹴而就，必然是一个系统工程。推动乡村产业高质量发展，是一次产业发展方式、结构和动力的系统转变过程，是结构高级化、效率最佳化、价值最大化、发展持续化的有机统一。高质量的农业供给体系，不仅在产出形态上表现为提供更多优质产品和服务，也体现为供给结构对需求结构的高度适应性，供给与需求能够在高水平上实现平衡并形成良性循环。衡量乡村产业是否实现高质量发展，要看是否形成"三高一强"特征，即高匹配性、高效率、高效益和可持续性。[①]

所谓高匹配性，是指供给与需求实现动态平衡，优质农产品供给、休闲农业、乡村旅游服务等对城乡居民需求变化具有较强的适应性。高效率，包括较高的要素配置效率、生产组织效率和市场效率，主要表现为生产要素实现优化配置，市场实现有序竞争，形成规模经济。高效益，是指生产过程能够创造出更好的经济效益、更多的增值收益，实现优质优价，能产生强大的强农带农效应。可持续性强，是指生产系统与自然生态系统有机耦合，实现由依赖资源消耗的粗放型经营转向节约资源的可持续发展，确保当代人类及其后代对产品和服务的需求可以持续得到有效满足。

（二）更高水平的供需动态平衡

从低水平供需平衡到高水平供需平衡，是乡村产业高质量发展的题中应有之义。当前，我国乡村产业发展质量不高，突出表现为供给体系对需求变化缺乏适应性和灵活性，供需之间存在结构性错位。通俗点说，就是想买的买不到，想卖的卖不了。尽管现有的乡村产业模式较好地满足了城乡居民"吃得饱"的需求，解决了"有没有"的

[①] 涂圣伟：《加快构建高质量农业供给体系》，《学习时报》2021年1月6日。

问题，但产品供给仍以大路货为主，小众类、精准化、中高端产品和服务供给不充分，分散化、低端化、非标准的产品供给模式，同质化的服务模式，难以有效满足城乡居民消费升级需求。比如，近年来兴起的农业休闲旅游，同质化现象就比较严重，大体都是住农家屋、吃农家菜、干农家活，缺乏乡村生活、乡土文化的深层次体验。

实现供需高效适配，关键在于优化供给。对于我国这样一个14多亿人口的大国来说，优化供给首先要保障好老百姓的吃饭问题。悠悠万事，吃饭为大。粮食生产是农业的基础，是优化乡村产业体系的基本前提。目前，全球粮食安全形势不容乐观，我国粮食供求依然处于紧平衡状态，结构性矛盾刚着手解决，总量不足问题又重新凸显。推进乡村产业高质量发展，必须牢牢守住粮食安全这一底线。

守好底线，必须保住"关键"，即确保谷物基本自给、口粮绝对安全，稻谷、小麦是两大"必保"作物。守好底线，还必须解决"要害"，耕地是粮食的命根子，种子是农业的"芯片"，必须牢牢守住18亿亩耕地红线，打好种子翻身仗。守好底线，还要统筹用好国际国内两个市场、两种资源，调动农民种粮和地方政府抓粮两个积极性，提高粮食综合生产能力和综合效益。

在守稳守牢粮食安全底线的基础上，要着力增强重要农产品保障能力。未来一段时间，优质农产品和服务类产品的需求还会继续增长，如果总量跟不上，也就难言匹配问题。提升农产品总量供给能力，需要加快补齐基础设施、技术装备、要素保障等突出短板。

增加供给总量固然重要，优化供给结构对实现供需平衡更为关键。乡村产业高质量发展，重点要解决优质高端产品供给不足、服务供给同质化问题，实现由"大路货普通型"向"精名品特色型"转变。实现这一转变，需要回避几个误区。在乡村产业布局上，要与资源承载力和环境容量相匹配，不能再遍地开花、盲目发展。调优产业结构，需要加强市场化手段运用，充分考虑资源禀赋、生态条件、产业基础、种植效益、市场需求等因素，避免"一调就减、一减就慌、一慌就收"。延伸产业链条，要因地制宜，避免人为拉长产业链、过度追求高精尖。

（三）效率变革与动力变革

供给与需求能不能在更高水平实现动态平衡，很大程度上取决于乡村产业会不会产生效率变革和动力变革。变革效应的形成，又是产业体系、组织方式、要素结构变迁等相互影响、综合作用的结果，需要制度改革、技术创新和市场发育三个维度的突破和协同。

改革开放以来，制度变革在我国乡村产业发展过程中一直扮演着重要角色。得益于以对农民赋权和市场化改革为核心的一系列制度创新，我国农业走出了改革开放前的发展困境，乡村工业化也向前迈出了一大步。21世纪以来，以农业农村为主体、由"取"向"予"转变的一系列政策和制度设计，特别是党的十八大以来的一系列重大改革的持续推进，提高了农业自我循环发展能力，新产业新业态新模式的出现，丰富了乡村产业的内涵，不断拓展乡村产业的发展边界。然而，乡村产业发展有其自身规律，向高质量转型需要更加成熟和定型的制度与政策体系来保障。显然，在制度的系统性、集成式创新，政策手段的机制化建设方面还有很大的改善空间。

同样，技术创新对乡村产业发展也发挥了极为重要的作用。我国能以占世界9%的耕地、6%的淡水资源，养育世界近1/5的人口，离不开农业技术的持续创新和进步。时至今日，我国农业科技水平和物质装备条件与过去相比已不可同日而语。然而，相比乡村产业高质量发展要求，科技创新的步子还不够快，特别是在一些关键核心技术上还受制于人。未来，科技创新既要"顶天立地"，围绕生物育种、农产品精深加工、农产品质量安全、智慧农业等重点领域，加强关键核心技术攻关与装备研制，提高自主创新能力，还要重视解决技术转化应用"最后一公里"问题，特别是促进互联网、物联网、人工智能等新一代信息技术与农业深度融合发展。

市场是商品流通和要素配置的载体。改革开放以来，我国农村最早引入市场机制，农民率先进入市场，市场化持续引领农业农村发展。从曾经的农民肩挑背扛、提篮叫卖到买全国、卖全国，农村产品市场体系建设取得很大进步。当前，推动乡村产业高质量发展，不论是产品价值的有效实现，还是要素的高效配置，依然都离不开市场体系建设。相比而言，我国农村产品市场发育情况要好于要素市场，但产品市场的基础性制度还不健全，要素市场发育就更是滞后，影响到要素跨界组合配置。要实现乡村产业高质量发展，就必须激活市场、激活主体、激活要素，这从根本上取决于高标准市场体系的建设，特别是农村要素的市场化配置改革。

（四）质量兴农、品牌强农

质量就是效益，质量也是竞争力。抓乡村产业就必须抓质量。随着城乡居民消费升级，目前"有没有"已经基本不成问题，"好不好""优不优"逐步成为主要矛盾。推动乡村产业由大到强，应该围绕主要矛盾变化，在提升优质农产品和服务的供给能力上下更大功夫，做好质量兴农这篇文章。推进质量兴农涉及面广，涵盖农林牧渔各行业和产前产中产后全链条，不能主次不分、眉毛胡子一起抓，必须聚焦农业污染治理、农业全程标准化、农产品质量安全监管等关键领域和薄弱环节。

仅从农业全程标准化建设看，就是一个十分关键但实现起来难度又很大的任务。推进农业高质量发展，需要先进标准引领。但是，在小农分散经营基础上搞标准化，还要实现全程标准化，困难和挑战是客观存在的。我们调研发现，农业标准化建设水平普遍不高，不仅农业标准化滞后，而且农产品供应链各环节的标准也不配套，实现全程质量控制难度很大、成本很高。一些标准过于"高大上",农民很难掌握,培训落实也跟不上,只能是"写在纸上、说在嘴上、挂在墙上",实际应用到位率不高。更为关键的是,现实中进入市场的农产品品质良莠不齐,优质农产品价格并不比大路货价格高,导致市场优质不优价、达标不见效,农民采纳先进标准的动力不足。

加快推进农业全程标准化,首先必须改变农业小散弱的状态,培育一批规模化生产主体,提高生产规模化水平。如果没有规模化,就很难全面标准化。除了加强标准的制修订外,更需要搞好农业标准综合示范,建立一批可看、可学的标准化生产基地。同时,将农业标准转化为文字通俗易懂、图片生动形象、技术简洁明了的操作手册和流程图,使农民一看就懂、一学就会。此外,由于新技术、新标准的采纳存在风险和成本,在无法完全实现"优质优价"的情况下,可以通过提高获证产品补助标准、给予适当的风险补助等方式,鼓励经营主体采纳新技术新标准,减少"后顾之忧"。

有了质量,品牌建设就有了基础。品牌是市场经济的产物,也是乡村产业高质量发展的重要标志。推动品牌强农,是为耕者谋利、为食者造福的重要举措。推动产业高质量发展,必须树品牌。客观地看,我国农业品牌建设尚处在初级发展阶段,普通品牌多、知名品牌少,区域品牌多、国际品牌少,"重创建、轻保护""重营销、轻管理"的现象比较突出。推动乡村产业高质量发展,首先要有立得住、叫得响、传得开的知名品牌。

好的品牌既是生产出来的,也是培育出来的,更是管理出来的。对政府而言,重点培育的是公益性强、带动面广的区域公用品牌。培育区域公用品牌专业性强,需要制定并实施系统、科学的品牌实施方案。目前,关于乡村建设与发展的规划多,但品牌方面的规划不多,以致乡村品牌化建设看上去热闹非凡,实际往往不得其门而入。县乡一级缺乏统一面向市场的品牌,各个乡村自行其是。乡村品牌定位模糊，缺乏个性，千村一面，似曾相识。品牌营销和传播环节，往往把举办节庆活动作为唯一手段。凡此种种，不仅造成财力、人力、物力的浪费，而且拉低了乡村品位。

解决好上述问题，需要充分发挥政府、行业协会、龙头企业、专业品牌运营商的积极作用，可以采取政府购买服务的方式，委托专业机构培育和运营区域公用品牌。同时，品牌要有好的维护，不能让"李鬼"坏了品牌产品，应该健全政府部门与品牌企业、行业协会常态化联合"打假"机制，支持名牌农产品行业协会发布容易识别的简易产品质量标准，鼓励行业协会和品牌企业在包装印制、电商平台、电视报纸等媒介上进行品牌产品宣传，提高消费者识别假货的能力。

三 让农民更多分享产业增值收益

（一）建立紧密型利益联结机制

发展乡村产业，首先要明确"为了谁"的问题。让农民有活干、有钱赚，是发展乡村产业的出发点和落脚点。然而，一些地方在发展乡村产业的过程中，尽管各主体之间的利益联结模式不断创新，但利益联结关系大多比较松散，主要是农产品买卖和土地、集体资产租赁关系，分红型、股权型等紧密型利益联结形式还比较少，大部分乡村产业增值收益难以留在农村、留给农民，农民很难充分分享乡村经济多元化发展带来的好处。

目前，一些地方积极推动建立紧密型利益联结机制，但企业和农民都有诸多顾虑。对农民而言，往往更倾向"订单+收租金"方式，大多只愿意拿固定租金，希望签订合同后就能见到收益。用某位农民的话说，"企业账都说不清楚，村集体、农民对企业经营状况哪里搞得懂",并且一旦入股经营出现问题,还要承担风险,认为还是拿保底租金"旱涝保收"比较稳妥。对企业而言,让农民或村集体入股,账务要定期向农民公开,生产经营决策涉及村集体程序比较麻烦,需要开各种会进行协商,不如直接付给农民和村集体租金方便。

从理论上看,这种松散型利益联结方式有一定的合理性。根据市场定价原则,企业按要素或产品市场价格支付给农民的一次性、买断式利益分配可能是最优的。若要求企业给予农民股份,本质上是要求企业让利于农民。但是,按照激励约束相容原则,为了保障农民利益,应促进农民与企业建立更为稳定、持久的股份合作关系。如果没有相应的激励,企业较难有动力让利于农民。此外,即使企业愿意与农民建立紧密的股份合作关系,但紧密型利益联结机制是建立在"收益共享、风险共担"的基础上的,而农民愿意与企业共担风险的意识还比较淡薄,这也是造成利益联结松散的又一个重要原因。

同时,紧密型利益联结机制建设难度大,也与农村社会的履约环境有关。其中,既有部分农民因缺乏契约意识而违约,也有企业违约"跑路坑农",但其关键原因是一些地方政府在利益联结机制建设上缺位。部分地方政府在引导企业与农民建立利益联结机制时,往往忽视了利益保障机制的建设,缺乏对失信违约的惩罚措施或惩罚力度远远不够。"好篱笆成就好邻居"。在当前农村信用体系还不健全的条件下,如果没有相应的利益保障机制,建立长期紧密的利益关系难度就会比较大。

(二)激励与约束相容

发展乡村产业,实现产业富民,要遵循的一个基本原则是把增值收益、就业岗位尽量留给农民。要做到这一点,就需要政府对紧密型利益联结模式建设进行有效的激励和补偿,比如,对积极采取股份合作、利润返还、为农户承贷承还、提供信贷担保等方式的涉农企业,可以给予一定的财政激励或税收优惠；对为产业链其他主体提供技术指导、质量检验检测、市场营销等服务的涉农企业，给予一定的奖励。同时，完善风险防控和损失补偿机制，支持有条件的地区建立利益联结风险基金，对于遭遇违约的主体，以及因认真履约而蒙受经济损失的企业和农户给予适当补偿。

建立紧密型利益联结机制，还要发挥好法治和信用的作用。千百年来，乡土社会自身孕生的内在治理机制确保了其稳定运转，但当前农村社会关系网络日益松散，传统治理机制逐步式微，需要通过法治建设，加强对违法行为的有效规制，保护农民、社会资本等各方的合法权益，同时将政府行为纳入法治轨道，避免政绩导向、考核导向下政府不当干预，营造稳定合作环境。

市场经济是信用经济，缺乏信用、违约得不到惩罚，就很难形成长期的合作关系。针对农村信用环境不完善、合作履约意识不强等问题，应加快农村信用体系建设，利用大数据、区块链等现代信息技术手段，建立健全中小企业与个人的信用数据库，开展信用户、信用村、信用乡（镇）评选，对信用好的村组与个人优先给予政策支持，鼓励农户维护自己的良好信用，加大失信违约惩处力度，将企业与农户违约行为列入信用档案，并作为融资贷款、享受优惠政策的重要参考依据。

第三章　集体强农：
建设更可持续的乡村社会

在我国，集体经济并非新生事物，但其内涵在实践中不断拓展和演化。新中国成立以来我国农村集体经济的发展，几经波折却又生动异常。20世纪80年代人民公社制度终结以来，集体经济仍以不同形式继续存在，并发挥其独特功能。当前，在从全面小康迈向共同富裕的进程中，发展壮大农村集体经济依然是一个无法回避的重要命题。然而，市场经济条件下"还要不要发展集体经济""如何发展好集体经济""应该发展什么形式的集体经济"等相关讨论和争论似乎从未间断过。

客观地看，目前我国多数地区农村集体经济发展形式普遍较为单一，面临较多困难，甚至一些过去的集体经济"明星村"近年来也开始走下坡路。为此，不少人质疑农村集体经济是不是真的走入了"死胡同"？但是，一些地区通过发展农村集体经济，不仅摆脱了贫困，而且实现了农民稳步增收、农村持续发展，这是普遍趋势还是个别现象？

事实上，任何事物的发展都是前进性与曲折性的统一。因发展出现困难而认为集体经济过时、无用的推断，有过于武断之嫌。同样，由于成功的典型案例而否认困难的普遍性，又未免过于乐观。作为一个农业人口众多的国家，要切实让广大农民富裕起来，已经不是

"要不要集体经济"的问题，而是"以何种有效形式实现和壮大集体经济"的问题。农村集体经济并非可有可无，也没有走到穷途末路，在实现农业"二次飞跃"和乡村全面振兴过程中，新型农村集体经济将扮演更加重要的角色。

实践表明，个体富裕与集体富裕之间并不是非此即彼、互相排斥，而是相互依赖和关联的关系。在全面推进乡村振兴中促进农民农村共同富裕，要把握好个体富裕与集体富裕这一对关系，充分发挥新型农村集体经济的优越性，通过集体共同奋斗实现广大农民更全面地发展。

一 集体"统"的功能为什么重要？

世界上并没有普适的共同富裕道路，一个国家以何种方式迈向共同富裕，必须是基于本国历史、现实和国情出发所作出的选择。就推进我国农民农村共同富裕而言，集体所有制是不可突破的底线，同时也具有强大制度优势，将集体优越性与个人积极性相结合，走集体强和农民富相统一的路子，必然有别于西方发达国家，也肯定不同于我国城市地区的发展路径。

实现农民农村共同富裕，发展生产力是必然的前提。关于集体经济之于农村生产力发展的意义，邓小平在1990年3月与中央负责同志的谈话中提道，"中国社会主义农业的改革和发展，从长远的观点看，要有两个飞跃。第一个飞跃，是废除人民公社，实行以家庭联产承包为主的责任制。这是一个很大的前进，要长期坚持不变。第二个飞跃，是适应科学种田和生产社会化的需要，发展适度规模经营，发展集体经济。这是又一个很大的前进，当然这是很长的过程"。

就实现共同富裕而言，生产力发展并不必然带来共同富裕，但共同富裕一定是建立在生产力不断发展的基础上的。"统"与"分"都是发展农村生产力的重要途径，"统"与"分"相互关联、相互促

第三章 集体强农：建设更可持续的乡村社会

进。当前，不论是破解农业低效率困境，还是促进农村经济高质量发展，都需要在稳定"分"的基础上更好地实现"统"的功能，通过更有效的"统"来促进统分结合迈向更高水平，农村集体经济在这方面具有不可替代的优势。可以说，集体经济是实现农村生产力"第二个飞跃"的重要动能。

实现农民农村共同富裕，基础在提高农民收入。我们发展壮大农村集体经济，归根到底是要让农民有收入，能够逐步富裕起来。从这方面看，通过发展集体经济促增收是一个重要渠道。

长期以来，我国农民收入增长主要依靠家庭，不论是从家庭经营净收入看还是从工资性收入看，集体经济客观上在农民收入增长中的作用发挥都不充分。结合地方实践看，只要农村集体产权明晰了、集体经济的运营机制对路了，集体资源资产就能有效转化为农民增收致富的重要来源。发展壮大农村集体经济，形成家庭性增收与集体性增收"双支撑"格局，农民增收致富的基础也会更加稳固。到2020年，全国农村集体经济组织分红累计已超4000亿元，其中82%分给了集体经济组织成员。

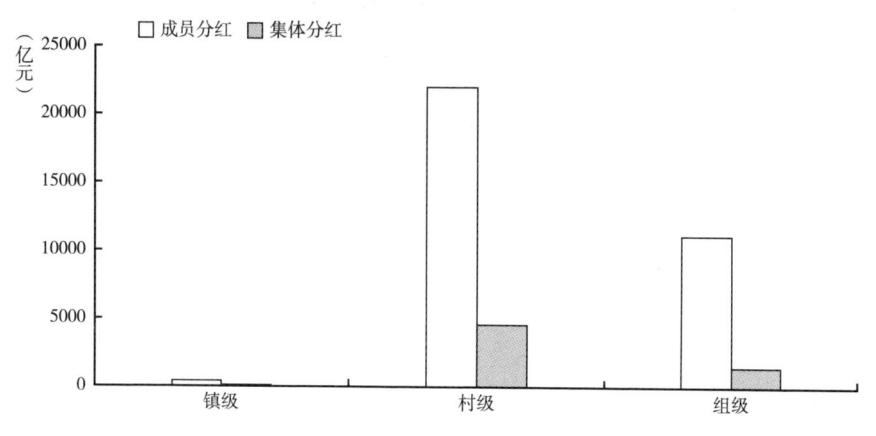

图3-1 农村集体经济组织累计分红情况

资料来源：《2020年中国农村政策与改革统计年报》。

收入固然重要,但可持续的创富能力才是实现共同富裕的不二法门。集体经济并不排斥个体的发展,相反还是个体经济发展的重要依托。小农户大量且长期存在,是我国的基本农情,家庭经营的基础性作用不可替代。但也要看到,小农户分散经营抗御风险的能力不强,自我发展能力不足。农村集体经济组织作为农村各类市场主体中组织化程度最高的主体,是提升小农户创富能力的重要依托。通过发展集体经济实现多样化的联合与合作,有利于提升小农户组织化程度,将小农户生产引入现代农业发展轨道。

另外,实现共同富裕,需要以更大的力度、更实的措施保障和改善民生。发展和民生是相互牵动、互为条件的关系。保障和改善农村民生必须建立在农村经济发展和财力可持续的基础之上,其中,集体经济的发展壮大尤为重要。现实中,凡是集体经济实力比较强的乡村,凝聚力和发展活力就比较充足,而没有集体经济的乡村,在乡村治理、公共产品供给等方面往往缺乏物质基础。2020年,我

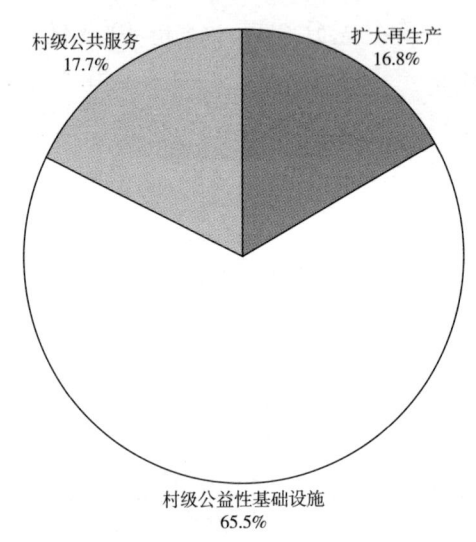

图 3-2　2020 年村级公益设施和公共服务投入情况

资料来源:《2020 年中国农村政策与改革统计年报》。

国村集体经济组织利用自有资金进行扩大再生产和公共服务方面的投入总额为1441.6亿元，村均26.7万元。

二 塑造新型农村集体经济

农村集体经济的优越性并不是必然的，也不会恒定不变，根本上取决于其是否契合时代发展形势。时至今日，就如何看待新中国成立以后实行的农业集体化，各方面依然没有形成一致认识，但客观看，集体化无疑是从符合当时历史条件和经济实际出发做出的选择，对工业化的突出贡献是无法否认的。当前，发展农村集体经济，绝不是复归"归大堆"模式，而是壮大新型农村集体经济。新型农村集体经济是在我国经济社会体制转轨过程中产生和发展起来的，顺应了社会主义市场经济发展要求，也符合农村生产力发展实际，必将对乡村全面振兴和农民农村共同富裕发挥重要作用。

（一）"新"在何处？

所谓新型农村集体经济，是指在农村地域范围内，以农民为主体，相关利益方通过联合与合作，形成的具有明晰的产权关系、清晰的成员边界、合理的治理机制和利益分享机制，实行平等协商、民主管理、利益共享的经济形态。新型农村集体经济的实现形式并不是唯一的，共有产权、共同劳动和共同收益的村级集体所有制经济，只是集体经济的原型和一种组织形态。

不少人忽视了农村集体经济发展外部条件的变化，认为农村集体经济是计划经济时代的产物，并将农村集体经济等同于农村集体所有制经济，认为发展集体经济不符合市场经济发展形势，集体经济"过时了"，这事实上是一种误解。相较于传统农村集体经济，新型农村集体经济在实现形式、经营方式、利益分配等方面已经发生了重要变化，不仅包括改造后的农村集体所有制经济，也包括基于私有产权形成的合作制和股份合作制经济，以及公有产权和私有产权联合的混合型集体经济。

传统意义上的农村集体经济主要是劳动者的劳动联合，而新型农村集体经济不仅包括劳动者的劳动联合，还包括劳动与资本、技术、管理等联合，联合的目的是实现个体的发展。事实上，各种生产要素的联合也并不局限于农民（劳动者），在城乡融合发展背景下，城市外来的资本、技术、管理等要素也应该成为新型农村集体经济的重要组成部分。

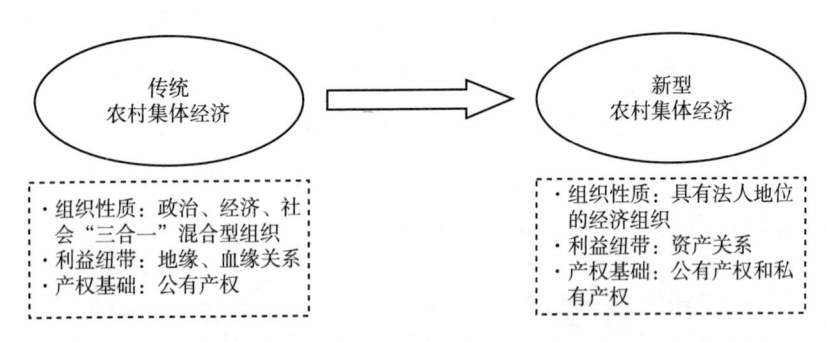

图 3-3 传统农村集体经济与新型农村集体经济的内涵比较

（二）三个不同特征

与传统农村集体经济相比，新型农村集体经济同时承认产权公有和产权私有，在多个维度上实现了转变，包括从传统社区共同体转向现代利益共同体、从行政关系主导转向契约关系主导，有以下三个基本特征。

1. 特征一：多样化的实现形式

所有制实现形式相对所有制具有独立性。集体经济的实现形式可以且应当多样化，同时也会随着时代条件的变化而变化。具体来看，新型农村集体经济的实现形式不仅包括共有产权、共同劳动和共同收益的集体共有经济,也包括通过让渡部分权利形成的股份制等资本组织形式和经营资本的间接方式。

也就是说,新型农村集体经济的实现形式不应该是唯一的,将集体经济的实现形式单一化或固化,要么导致集体经济不具备经济上的合理性,要么造成集体经济被弱化甚至被忽视。当前不断深化的农村集体产权制度改革,特别是"三权分置"改革,为新型农村集体经济通过多样化形式得以实现创造了产权基础。截至2020年底,全国以村为单位完成产权制度改革的村53.1万个,占全国总村数的94.9%。

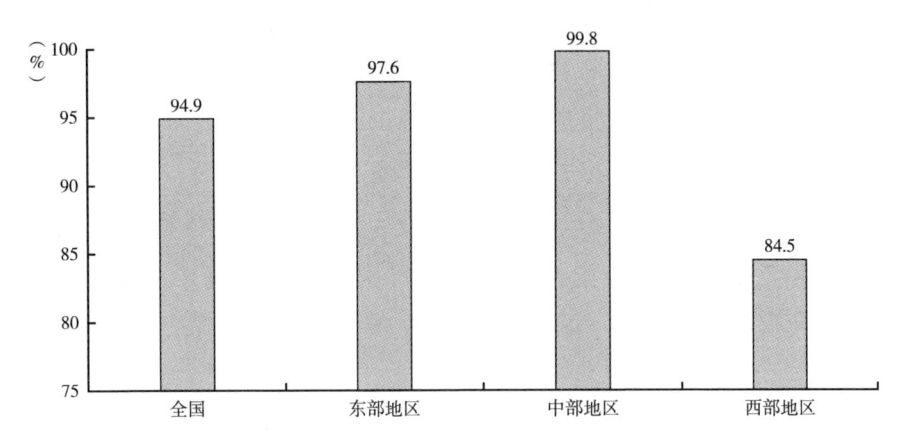

图3-4 2020年以村为单位完成产权制度改革的村占比

资料来源:《2020年中国农村政策与改革统计年报》。

2. 特征二:有效的治理机制

我国传统集体经济之所以走向衰败,源于治理体系上存在两个先天性缺陷:一方面是其与村级组织在身份上混同、在功能权责上不清,造成公共服务目标与盈利性目标存在内在冲突,农村集体经济组织背负的公共负担过重。另一方面则是传统集体经济组织内部管理过于依赖村干部权威和高度集中化模式，分配上的平均主义以及约束机制缺位，往往造成集体行动陷入困境。

理论上，新型农村集体经济组织作为市场化主体，遵循市场化原则，其经营管理更加民主，生产经营重大决策一般由成员共同决定，成员享有的权利与承担的义务与其做出的贡献相当，组织运行效率会更高。但不容否认，尽管目前已经赋予农村集体经济组织特别法人地位，使其向真正的市场主体迈出了一大步，但依然面临不少挑战，特别是关于法人破产制度存在较多争议，内部现代治理体系建设也任重道远。

3. 特征三：合理的利益分享机制

新型农村集体经济组织是一个现代利益共同体，其吸引力在于通过合作能够形成比个体经济更多的收益，并且收益的分配是公平的。各类主体因利益而进行联合或合作，利益的创造与合理分配使其得以维持和发展。传统农村集体经济，正是由于缺乏经济合理性和完善的利益分配机制，发展效率不高。对新型农村集体经济而言，不论是基于劳动的联合还是资本的联合，既要做大集体经济"蛋糕"，还要有效解决各类要素参与分配机制问题，特别是要理顺与农民的利益关系，有效保障农民利益，确保所有必有所得、所劳必有所得。

三 农村集体经济新生力量

新生事物的成长和发展是一个艰难曲折的过程。尽管新型农村集体经济尚未形成全局性态势，而且面临的挑战并不比机遇少，但我们依然相信新生的力量，实践中"飞地抱团"型、村企共建型、生产服务型等新型农村集体经济实现形式亮点纷呈。

（一）"飞地抱团"

对不少集体经济薄弱村而言，运转经费基本靠"补"，公益事业基本靠"捐",基础设施建设基本靠"要",自我发展能力十分有限,即便"消薄","返薄"的压力也很大。如何变"输血"为"造血",让集体经济薄弱村彻底"摘帽"并具备自我发展能力是一个长期待解的难题。

位于浙江省嘉兴市东北部、苏浙沪两省一市交会处的嘉善县,作为全国综合实力百强县、全国唯一的县域科学发展示范点、浙江省首批新时代乡村集成改革试点,在推进农村集体经济统筹发展、均衡发展方面先行先试,为集体经济薄弱村发展蹚出了一条路子。

自2015年开始,嘉善县探索实施强村带弱村的"飞地抱团"发展模式。所谓"飞地抱团",就是改变原先集体经济"单打独斗"的模式,发挥县镇两级统筹作用,将全县各村(社区)的零碎土地指标、资金等,加上"强村计划"每年分配给各个镇村的土地,统一归集后"腾挪"到更优质的区域,统筹布局"两创中心"建起园区,联合发展规模型、集聚型、生态型"飞地"项目。"飞地"产业园实施项目化运作,由共同成立的公司负责项目土地摘牌、厂房建设、后续运营管理等工作,政府在招商引资、项目落户政策上给予优惠和倾斜。

2016年6月正式启动的大云中德生态产业园"飞地"项目,是嘉善县首个跨区域村级抱团发展项目。由全县9个镇(街道)的22个村出资建设,包括17个经济薄弱村和5个一般村。22个村共同出资8000万元,建设3万平方米高标准厂房。2017年11月交付使用后,引进以德国为主的欧美精密机械、装备制造企业,收益每年按照投资额的10%保底分配给22个村。2018年初进行了第一次分红,22个"股东"村拿到了30万元到50万元不等的分红。目前,该项目每年投资收益可达900多万元。

"飞地抱团"是一种"县域统筹、跨村发展、股份经营、保底分红"的强村发展模式,实现了"村内经营到村外、粗放经营到集约、分散经营到集中"的转变，在一定程度上解决了偏远薄弱村"造血难"问题，同时也缓解了一些区位优势镇土地指标紧张的难题，实现了"双赢"。截至2020年底，嘉兴市累计建成"飞地抱团"项目110个，涉及1342村次，其中薄弱村552村次，项目总投资109.7亿元，收益率达到8%~12%。

目前，嘉善县的"飞地抱团"模式还在不断迭代，逐步探索出从县域抱团到跨市、跨省抱团新模式。2018年11月，嘉善县跨省"飞地"建设项目"嘉善—庆元—九寨沟"飞地共建产业园开园，这也是中德生态产业园的三期项目。按照计划，预计首期建成后可以为庆元县83个薄弱村、九寨沟48个贫困村每年带来约2200万元的收益。

从实践看，"飞地抱团"模式打破了镇村界限，实现了资源要素的统筹配置，使地理位置偏远、集体资源相对匮乏的薄弱村有了更大的发展空间，为发展农村集体经济提供了可行的路径。但客观来看，这种模式主要出现在经济比较发达的东部地区，集体经济薄弱村通过土地整治后，有多少可盘活的土地指标、有没有稳定可盈利的项目、县镇统筹能力强不强等，都会对"飞地抱团"模式的推广价值产生影响。特别是，这种模式向跨省域范围拓展，在土地制度等方面还需要进一步突破创新。

（二）混合所有制经济

发展集体经济办法不多、怕难怕烦，有资源不会用，诸类现象较为常见，这与农村集体经济组织的市场化、法人化水平不高有关。农村集体经济组织既不同于公司制企业，也不同于农民合作社，是一类特殊的经济组织，长期以来由于不具备法人资格，在发展过程中遭遇不少尴尬，如无法领取组织机构代码证、无法独立签订合同、无法向银行贷款等。为了解决上述问题，《民法典》第96条明确规定农村集体经济组织为特别法人,第99条再次明确农村集体经济组织依法取得法人资格,允许其作为独立民事主体参与市场经济活动。

目前多数农村集体经济组织离成为真正的市场主体还有不小差距,普遍存在专业经营管理人才缺失、市场竞争能力不足等问题。随着农村产权制度改革不断深化,如何监管好、运营好集体资产,实现保值增值,成为迫切需要解决的问题。显然,仅依靠农村集体经济组织是远远不够的。

同样是在浙江,德清县近年来成为全国农村改革的"排头兵",更是跟踪和观察农村土地制度改革前沿进展的重要窗口。作为全国农民股份合作赋予农民对集体资产股份权能改革试点和全国33个农村集体经营性建设用地入市改革、土地征收改革、宅基地制度改革(简称"三块地"改革)试点地区,该县统筹推进农村集体产权制度和农村土地制度改革,围绕安全运营集体资产、有效分配集体收益等,探索发展集体混合所有制经济模式,引导农村集体经济组织向真正的市场主体转型,农村集体经济发展呈现不少新亮点。

所谓农村集体混合所有制经济,是一种以混合经营为主要内容的实现形式,村集体以集体资产资源参股农民专业合作社、经营稳健的工商企业,或发展混合所有制经济项目。德清县五四村、三林村就是这方面的典型。

德清县阜溪街道的五四村,原名四村。1954年春,毛泽东主席参加新中国第一部宪法修订期间赴莫干山考察,途经此地,村民为了纪念此事,因而改了村名。五四村离莫干山的直线距离只有6公里,原先只是一个以农业为主的平凡小村,村集体经济十分薄弱。为了抢抓乡村休闲旅游发展机遇,五四村股份经济合作社、农户与县文旅集团组建了五四文化旅游实业有限公司,文旅集团以国有资金投入占股51%,村集体以现金和集体资产资源投入占股39%,400个农户投资800万元占股10%,村集体前两年每年可获得保底收益100万元,以后每年获得保底收益200万元，盈利超过部分按照股份再分红，农户按照所投入资金每年获得8%的固定收益。2018年，五四村集体经济收入就达到410多万元，人均收入超过4.5万元。

另一个是德清县禹越镇的三林村。三林村原先是典型的农业村，村民收入较低，村集体经济薄弱。但是，三林村地处杭嘉湖平原，水系发达、湿地农业资源丰富。为了利用好这一资源，2010年三林村大力开展和美家园建设，绿化环境、优化种植品种、清除污染作坊，为发展乡村休闲旅游打好了基础。2018年，三林村股份合作社以整个村庄30年的运营权入股，与滋农公司共同组建了集体资本和民营资本混合所有制的德清滋农乡旅旅游开发有限公司，依托田园风光打造乡创基地、美丽乡村综合体，由滋农乡旅公司进行规划、设计、建设、招商、运营一体化全程管理。村集体占有公司40%的分红权，三林村股份经济合作社以入股的集体资产每年获得固定保底收益20万元，然后再根据滋农乡旅公司效益情况按股分红。

总体来看，目前农村集体混合所有制经济还是一个新生事物，尽管已经展现出一定潜力，但在思想认识、体制机制、政策配套等方面面临的挑战也不容忽视。在进一步深化农村集体产权制度改革中，可以按照试点先行、观照全局的原则，选择有条件的地区开展试点，明确开展混合所有制改革的农村集体资产范畴，逐步破除体制机制障碍，完善配套支持政策，健全经营风险防范机制和监管机制，促进农村混合所有制经济健康有序发展。

（三）"居间"服务

人均一亩三分地、户均不过十亩田，是我国推进农业现代化最基础也是最现实的条件，因此，走规模化经营道路是必然选择。然而，通过流转土地搞大规模集中经营，即"土地规模化"，短期内难度会越来越大。另外还有一条目前看起来比较现实可行的路子，就是依托农业社会化服务，解决好一家一户干不了、干不好、干起来不划算的事，把大量小农户与现代农业有机衔接起来，即"服务规模化"。随着我国人口老龄化问题日趋加剧，解决好"谁来种地、怎么种好地"问题的紧迫性日益加强，农业社会化服务的市场需求也日渐旺盛，这为各类主体开展农业社会化服务提供了广阔的空间。

从实践看，农业服务专业户、农民专业合作社、农村集体经济组织和服务型企业各具优势、各有所长。从构建多元化、多层次的农业社会化服务体系来看，未来应该是各类主体各尽其能、共同发展。据农业农村部统计，截至2020年底，全国农业社会化服务组织总量达到90万个，生产托管服务面积超过16亿亩次，服务带动小农户超7000万户。在上述服务主体中，农村集体经济组织贴近农民，在"统"的方面具有不可替代的优势，提供农业社会化服务，也与其自身发展壮大的诉求相契合。

农村集体经济组织是重要的桥梁和纽带，可以整合集体资产资源，通过创办多种形式的经营服务实体，为农户提供生产资料、农业机械、耕种防收托管等农业生产服务，或者为农业服务组织和小农户提供"居间"服务。这方面，安徽省六安市黄墩村集体经济组织比较典型，被农业农村部作为第二批全国农业社会化服务典型案例进行推介。

黄墩村是典型的江淮分水岭地貌，平畈少，埂、塝、冲多，旱涝灾害频发，农业收入低，大部分青壮年劳动力外出务工，村集体每年的收入很少。为了改变这种局面，黄墩村2017年开始试点农村"三变"改革（即资源变资产、资金变股金、农民变股东），成立了党支部领办、集体所有的"柳抱丝"合作社，全村近600户村民中的521户，将2700亩耕地折股入社。通过"三变"改革，村集体集中了耕地、统筹了资金，随后开启了村企共营之路，分别入股黄粮畈生态种植有限公司（参股40%）、柳抱丝粮油开发有限公司（参股45%）、六安山地电子商务有限公司（参股30%）以及大黄墩农机服务专业合作社（参股50%），为开展产销一体化的全产业链托管服务打下了基础。

六安市黄墩村集体经济组织服务的模式大体是联合组建股份经济合作社，组织全村农户统一和服务主体签订合同，依托公司、合作社，通过提供全程标准化服务，形成集生产、收割、烘干、销售于一体的生产链。产前，黄粮畈生态种植有限公司提出种植方案、规范化的农业生产作业标准，统一提供良种；产中，大黄墩农机服务专业合作社为农户或经营主体提供统一机耕、机种、机防和机收的"四统一"全程托管服务；产后，柳抱丝粮油开发有限公司以订单农业方式提供仓储烘干服务，六安山地电子商务有限公司提供农产品线上销售服务。

通过全产业链托管服务，降低了农业生产成本，减少了化肥农药施用量，提高了农产品附加值，带动了农民增收，集体经济也实现了创收。2021年，黄墩村村集体经济达到107万元，带动农户户均增收1500多元。农村集体经济组织开展社会化服务，将不断增长的社会化服务需求与集体经济组织"统"的优势很好地结合起来，改变了过去集体收入主要靠物业经济的局面，对广大中西部地区发展农村集体经济而言，更加可学可鉴。

四 让农民共享集体经济成果

从嘉善县的跨区域统筹到德清县的跨所有制融合再到黄墩村新业态创新，新型农村集体经济的发展实践一直在探索中向前迈步。我们无法肯定，这些成功模式一定具有普适的推广价值，又或这些当前成功的模式未来还能继续成功，但路肯定是一步步走出来的。

作为社会主义公有制经济的重要组成部分，集体经济在市场经济条件下以何种形式得以有效实现，这个问题在全面推进乡村振兴的历史新阶段，回避不了、绕不开。发展壮大新型农村集体经济，必然离不开政策支持，但也不能完全依赖政策；既要守好不损害村集体利益、不损害农民利益的底线要求，也需要大胆创新探索。新型农村集体经济的发展壮大不会是一蹴而就的。需要尊重规律、观照现实，从提升可持续发展能力入手，让农村集体经济组织向真正的市场主体转型，让集体经济发展成果真正惠及亿万农民。

（一）市场化运营能力

依靠财政补贴或依赖外部帮扶的集体经济是不可持续的，只有适应市场，才能在竞争中获得长期可持续的发展能力。新型农村集体经济要发展壮大，就必须向真正的市场化主体转型。

一方面，将农村集体经济组织与村民组织的功能混同而不加区分，必然会损害集体经济效率。传统集体经济组织与农村自治组织的权责关系没有完全理顺，行政事务、自治事务和集体经济经营事务边界不清，导致农村集体经济发展"包袱过重"。但是事实上，二者功能在实际运行中又很难截然分开，效率目标和公平目标也不能完全对立起来。为此，应聚焦集体资产运营功能的实现，进一步厘清集体经济组织与村级组织的职能，因地制宜推动村委会和村集体经济组织分设，化解公益性目标和经营性目标的内在冲突。

另一方面，积极探索建立现代法人治理结构。新型农村集体经济组织作为现代市场竞争主体，必须建立起符合市场经济要求的决策机制。农村集体经济组织的领导者，不排除村级组织中的"能人"，但必须是懂管理、善经营、有道德感的。同时，激励机制和约束机制是现代组织管理的核心所在。调动集体经济组织中管理者和成员的积极性，规避"搭便车"等机会主义行为，需要有比较完善的正式激励制度；但是，仅有正式激励是远远不够的，形成有效的集体行动，还需要有非正式激励，包括诚信激励、公平激励、民主激励等，以此强化成员的组织认同和对目标的追求动力。

（二）开放发展能力

完全封闭的系统是不可持续的。从封闭走向开放，是农村集体经济发展壮大的必由之路。传统社区型集体经济相对封闭，主要表现为成员资格封闭性和股权转让封闭性，成员资格以地域和血缘产生的身份关系为基础，户籍往往是获得集体经济组织成员资格的重要标准，成员边界不清晰、资产权益流转受限。一些改制后的集体经济股份转让仍限定在集体经济组织内部，其主要是担心外部经济力量进入后会控制集体经济，这种做法与城乡人口流动的大背景和做大做强集体经济的要求并不完全相符，有因噎废食之嫌。

如果集体资产没有流动性，资产也就没有效益性，流动性不足的资产也无法被准确定价。如果集体资产股权不能充分流转，集体资产也只能是"死资产"而无法被有效盘活，成员所持有的集体资产股份价值就会大打折扣。随着城乡发展格局和人口流动变化，集体经济的地域封闭性也必然会被打破。发展壮大新型农村集体经济，需要探索开放成员权，并且确保成员进退自由。同时，应逐步扩大集体资产可交易的对象范围，加快推动集体经济组织由传统社区共同体转向现代利益共同体。

（三）联农带农能力

集体的价值在于为农民个体提供基本保障和发展机会，否则就会失去吸引力，甚至成为个体发展的对立物。农村集体经济发展会增加农民就业增收机会，但不必然或者均等惠及所有农民。

华中师范大学中国农村研究院对全国24个省164个村庄2000多位村民的调查数据（2021年）显示，近八成村民从集体经济发展中受益,但共享度不足,其中,受益较大、很大、一般和很小的比重分别为 3.8%、23.9%、27.1%、23.9%,没有受益的比重为 21.3%。东部地区的村民从集体经济发展中受益的程度最高,为 87.9%;中部地区、西部地区的村民从集体经济发展中受益的程度差不多,比重分别为 76.2% 和 77.2%。①

农村集体经济组织的优势在于联农带农,生命力在于惠农富农。发展壮大新型农村集体经济,必须切实增强其联农带农富农能力。为此,应充分发挥好集体"统"的功能,创新集体"统"的形式,通过领办创办生产类、服务类、资源类等各类合作社,带动新型经营主体、服务主体和小农户共同发展。更为关键的是,要优化集体经济收益分配关系,完善收益分配方式,建立以股份份额为基础、与经营效益相挂钩的分配机制,加强收益分配的监督管理,确保集体成员公平分享集体收益。

(四)风险抗御能力

管好用好农村集体资产,防止集体资产流失,关乎亿万农民切身利益。鼓励发展新型农村集体经济,不能让集体经济变得更弱了、更小了,甚至垮掉了,不能让农民的财产权利变得更虚了、更少了,甚至变没了。为此,必须统筹好发展和安全的关系,切实增强抗风险能力,这是提升集体经济组织的竞争力、实现长期可持续发展的关键所在。

抗风险能力,在宏观层面侧重于促进集体资产的保障增值,在微观层面体现为经营风险、财务风险等风险应对能力的提升。当前,尤其要重视农村集体资产流失、集体经济债务等问题,加快完善农

---

① 余丽娟、王铭鑫:《农村集体经济发展的新特征与新问题——基于全国 24 个省市 164 个村庄 2343 位村民的调查与研究》,中国农村研究网(http://ccrs.ccnu.edu.cn),2021 年 12 月 12 日。

村集体资产管理与监督机制，建立村级负债动态监管、预警等机制。同时，健全政策支持体系，完善农村集体经济组织"抱团"机制，鼓励打破地域界限，实现共同发展。健全社企合作长效机制，鼓励组建混合所有制经营实体，发展混合所有制经济，促进农村集体经济多元化发展。

第四章　数字赋农：
催生乡村产业数字化变革

综观世界历史近两百年进程，人类社会的每一次巨大进步，都伴随着科学技术的重大突破，并促成了经济增长和社会发展，所创造的价值远超此前世代的总和。与前几次科技革命最先引发工业体系的颠覆性变化和城市物质空间结构的巨大转换，然后再向农业农村领域传导、渗透不同，新一代信息技术改变了时空距离，其所具有的包容性和普惠特征，让乡村与城市、农业与工业几乎同时、同步享受到技术进步红利。

数字技术并不能帮助人类社会解除和摆脱所有难题的困扰，但无疑是推动历史向前发展的有力杠杆。当前，数字技术正在广泛激发农民创造力，赋能农业增值力，释放农村新活力，成为诱发农业现代化变革的新势力、驱动乡村全面振兴的新动能。数字技术的快速渗透应用，让千百年来我国传统农耕场景发生深刻改变，手机成为"新农具"、数据成为"新农资"、直播成为"新生活"，各种新产品、新技术、新模式在广袤的乡村大地不断涌现，传统农业向现代农业转型步伐明显加快。

面向农民农村共同富裕远景目标，应顺应数字化、网络化、智能化方向，持续解放和发展数字化生产力，促进数字技术与农业发展深度融合，推进农业全面升级、农村全面进步、农民全面发展，让数字红利更广泛惠及亿万农民，让数字技术成为推进农业现代化的不竭源泉。

一　数字技术与传统农业场景之变

当前，乡村产业转型升级与数字技术的迭代演化深度交织、相互推动，农村要素结构、生产方式、组织形态加快重塑，长期以来困扰农业发展的难点、堵点正在被数字技术所消弭和破解。

（一）数字技术让农业更精准

千百年来，我国农民种田靠天吃饭，靠经验和感觉吃饭，生产经营管理方式比较粗放，自然环境对农业种养殖的影响很大，导致作业效率低下、资源利用率和劳动生产率不高。利用云计算、大数据、物联网、区块链、人工智能等数字技术改造传统农业，对农业生产要素进行数字化设计、智能化控制、精准化运行、科学化管理，构建精准化农业生产体系，提高了农业产出效益和稳定性。

近年来，农业农村部等相关部门开展数字田园、智慧养殖试点示范，种植业、养殖业、渔业、种业数字化加快推进。2019年，全国畜禽养殖、种植、水产养殖信息化水平分别达到32.8%、17.4%和16.4%。[①]

从精准种植看，全国农情监测体系数字化建设不断加快，省级农情调度远程视频会商系统基本建成，农情信息时效性提高。各地依托于手机自动定位、田块编码查询、电子商务系统等信息化手段应用，测土配方施肥技术入户率不断提升。一些地区通过建设智慧稻田，实

---

① 农业农村部：《2020全国县域数字农业农村发展水平评价报告》，2020年11月28日。

现对监测区域的土壤资源、水资源、气候信息及农情信息（苗情、墒情、虫情、灾情）等的监控与管理，以及对稻田种植的长期监测、及时预警、信息共享、远程控制，取得产量提升、品质改善、节水节肥和绿色种植等多重效益。

从精准养殖看，畜牧兽医监管精准动态监测已经基本实现，畜牧业监测预警信息做到进村入户，养殖场户可以通过"掌上牧云App"自行填报数据。一些智能精准饲喂养殖场，通过收集猪只信息、环境因素等数据，利用精准饲喂设备实现了"千猪千面"级别的精准饲喂，让每个猪只都能保持最佳体况，提高了养殖效益。另外，全国"数字奶业信息服务云平台"试点省已达到11个，实现了奶牛的饲喂、产奶、配种、健康状况等信息实时采集、同步传输，显著提高了饲养管理水平。

专栏4-1　人工智能物联网与智能温室

·发展痛点

按照农业农村部《关于加快推进设施种植机械化发展的意见》，到2025年，我国以塑料大棚、日光温室和连栋温室为主的种植设施总面积稳定在3000万亩以上。然而，我国整体农业设施化水平低于世界平均水平，仍以传统的普通温室栽培为主，决策大部分依靠农艺师或种植者的经验和感性认知，存在方式粗放、不确定性较高等问题。虽然目前一些温室配置了机械化环境控制设备，但设备的运行控制仍然依赖于人为决策，无法高效精准地实现环境控制，管理成本较高、效果有限，未来数字化改造空间很大。

·场景应用

智能温室运用物联网系统的温度传感器、湿度传感器、pH值传感器、光传感器、CO_2传感器等设备，检测环境中的温度、相对湿度、pH值、光照强度、土壤养分、CO_2浓度等物理量参数，将传感器收集到的数据传输至农田内安置的小基站,而后将数据传输至大基站和云端,通过各种仪器仪表实时显示或作为自动控制的参变量参与自动控制,保证农作物有一个良好的、适宜的生长环境,种植人员在办公室就能对多个温室大棚的环境进行监测控制,为精准调控提供科学依据,达到增产、改善品质、调节生长周期、提高经济效益的目的。

科百KB-CPS作物精准栽培管理信物融合操作系统是人工智能物联网应用于温室大棚的典型,实现了对大空间智能日光温室作物的全面数字化管控。科百KB-CPS系统配备传感器,收集关于作物生长环境的实时、密集、精确全维度数据信息,读取出更深层次的环境与作物生长间的关系,为中长期环境控制提供更精准的智能决策。同时,建立物联网无线农业环境自动监测和预警系统,将各类传感器和节点的数据信息发送到中央数据平台,一个中央微基站可覆盖1~3公里距离。基于数据实行模型化决策和智能化管理,推动园区荔枝早成花、早坐果、早成熟,提高了产品质量。此外,在物联网云平台的基础上开发了保温被开关智能决策模型,模型上线后可指导保温被在合适的时间自动开启和关闭,实现对温度、光照的高效控制、便捷化管理。

· 应用成效

济南科百智慧农业产业园通过应用KB-CPS系统,实现了"三重功效"。一是提高了温室种植管理精度。通过制定精准预测、精准预防和精准控制的干预方案,取代依靠经验的现场人工作业模式,有效提升了农业生产精准度,温室0~10cm土壤体积含水率常年保持在22.7%~28.4%。二是提高了资源利用效率。农业需水、需肥、需料等变得更加精准,相对于传统方式可节约用水70%,肥料利用率提高50%以上。三是实现了节本增效。通过对智能温室土壤、作物生理、气象小环境等环境因素进行全纬度、高密度、高粒度的大数据在线监测,获取作物和环境实时情况,实现了作物栽培的精准控制和农业生产环境控制设备的智能管理,节约了大量的人力成本,实现了设备控制的统一和标准化管理。

资料来源:曹耀鹏、刘厚诚:《大数据和农业物联网技术在智能温室环境控制中的应用——以济南科百智慧农业产业园为例》,《农业工程技术》2021年第4期。

(二)数字化农事服务方兴未艾

随着农业机械化的推进,以及大数据、智能设备广泛应用于农业生产,刀耕火种、面朝黄土背朝天的传统农业生产方式被改变了,更多农民逐渐从繁重的体力劳动中解脱出来。如今,以数据要素为重要支撑的数字化农事服务,正以轻体力、高效率、低成本、广覆盖的优势,加快重塑现代农业生产,智慧飞防、智慧农机等数字化服务方兴未艾。

当前,飞防发展正在进入智慧时代。云计算、大数据在农业病虫害领域的广泛应用,实现了对病虫害的精准监测、全流程有效防控。作业前,对服务组织作业能力、机型和施药参数进行确认;作业中,在监控平台上对作业质量、地块位置及用药情况进行实时监督,精准到每一块田的防治效果,不仅让劳动者彻底摆脱生产劳累,也减轻了农药对劳动者身体的侵害;作业后,对作业面积进行核实,以作业标准化、数字化以及严格的监管模式提高整体飞防质量。大疆农业农服后台数据显示,截至2019年9月,大疆国内年度飞防作业面积突破两亿亩次。

智能农机服务加快发展。北斗终端已从拖拉机、联合收割机、植保无人飞机扩展到插秧机、大型自走式植保机、秸秆捡拾打捆机等,经过北斗导航辅助驾驶的开沟、起垄、条播、插秧、侧深施肥、喷药等农机作业深度达几十米甚至上百米,前后误差不会超过2厘米;侧深施肥作业机具准确地将肥料埋入根系未来生长能够高效汲取的土壤营养层，不仅改变了过去撒肥造成的肥料用量大问题，而且让肥料利用率提升超过10%。[①] 同时，开展"无接触"农机化作业，多地通过手机App就近就快为小农户开展代耕代种的一条龙、一站式"全程机械化+综合农事"等服务。智慧农机服务，让农民坐在家里干农活成为现实。

数字化农事服务的出现，让"面朝黄土背朝天"的劳作场景变成了"人在干、云在转、数在算、面朝屏幕背朝云"，让农业生产由"汗水农业"向"数字农业"加速转变，农民从"会"种地向"慧"种地转变。

专栏4-2　数字化农事科技与无人机植保

·发展痛点

我国是种植业大国，农作物播种面积超过25亿亩，目前农业病虫害预防主要是靠经验总结，应用于田间作业的植保机械仍以传统的背负机动喷雾器为主，植保作业方式效率低、防治面积小，作业质量、作业安全得不到保障，病虫害监测往往具有滞后性，导致农产品用药不当或者用药过量。同时，由于农地规模化经营程度逐渐提高，传统防治手段已难以适应现代农业大面积、突发性病虫害防治的需求，加之当前农村青壮年劳动力少，在病虫害高发期、暴发期，种植大户常面临雇工难、用工成本高等问题。这为无人机在农林植保方面提供了广阔的空间。2020年，我国植保无人机防治面积已经占到农业防治总面积的1/7。

·场景应用

利用无人机对不同地区、不同地块、不同作物都具有良好适应性

[①] 《江西：智能农业装备让现代农业跑出加速度》，中国发展网，2020年11月16日。

的优势，将无人机技术和遥感技术结合起来，实时精准、快速反映病虫害状况、植被覆盖率、作物长势、土壤湿度和温度等，对农田作物开展农业植保作业，如喷洒农药、粉剂、种子、化学药剂等，可以增强作业环境的适应性，提升作业精准度，扩大作业范围，提高作业效率，保障作业安全。

大规模农田植保作业是无人机应用的典型场景。巴州是新疆优质棉种植适宜区和国家级棉花生产基地，年均棉花种植面积超过20万hm^2，仅极飞无人机为棉花提供脱叶剂喷洒作业面积就超过12万hm^2次。无人机通过搭载全向数字雷达，可对水平360度全向障碍物进行识别，具备自动绕障及仿地飞行功能，在复杂地形作业不受任何影响，降落时也能够避开野外地面常见的小石子、树枝等障碍物，充分保障作业安全。通过配备实时图像监控系统及夜间探照灯，雷达运作不受环境光线及尘土影响，可全天候感知农田环境，智能遥控器界面操作简单，能实现厘米级定位。

同时，通过对作业区域进行数字化建模，区域内的作物与非作物被清晰识别，洒播任务经服务平台分发到无人机，即可执行高效洒播工作，受到用户青睐。飞防初期，为降低购机者风险，生产厂家组建植保服务队对当地棉花种植大户全程承包植保作业，在植保效果、植保成本等方面起到了示范带头作用。待棉农对无人机植保作业技术的认知度和接受度提高后，为解决无人机购置成本高、使用率低等痛点，极飞公司结合实际推出了租赁、租转售、销售等多种融资租赁服务，能够让更多的农民租得起"飞手"，更多的耕地用得起"飞手"。

• **应用成效**

高效的植保无人机应用缓解了农业作业劳动力短缺与农业发展之间的矛盾，提高了农业生产效率，减少了环境污染，实现了生产厂家、购机户和种植户"三赢"。植保无人机有助于及时防控突发性大面积病虫害，提高病虫害防治效果，相应提高农产品产量、质量。截至2020年末,巴州农用植保无人机拥有量达2080架,飞防作业面积达45.33万hm²次。植保无人机施药效率是常规施药机具的40倍以上,作业效率为26.7hm²/d,每年可创造较大收益。同时,无人机作业省药30%、省水90%,喷洒农药用量少,环保效果好,规模化喷洒方式也有利于农户和相关部门对农作物质量的把控,减少对环境和农作物的污染。此外,无人机融资租赁的发展,突破了植保无人机成本高的问题。

资料来源：金若成:《巴州农用植保无人机推广使用情况分析》,《新疆农机化》2020年第6期。

(三) 数字"加速度"催生产业融合

我国传统农业发展长期停留在生产环节,加工、流通、销售等环节的发展相对薄弱,加工增值不够,产品销售局限于区域市场,农民无法充分分享到加工、流通增值收益。随着数字技术的广泛应用,大量新产业、新业态、新模式在乡村应运而生,拉长了农业产业链,拓宽了农业功能,拓展了农产品市场,推动我国农业从低值农业逐步向高值农业转变,农产品流通从多环节向超短链转变,销售从"提篮叫卖"发展到"全球买卖"。

数字技术在农业全产业链的应用,推动了一产、二产"顺向"融合,实现了原料采购、加工、配送统一化和无缝衔接,催生了主食工厂化、中央厨房等新业态、新模式。通过三产"逆向"整合二产,实现农产品和食品的定制化加工,提升加工效率和效益。同时,数字技术与农产品加工融合形成的数字化工厂已经出现,但由于数字化农产品加工厂建设和改造成本高、加工型原料标准化程度低等,该改造进程才刚刚起步。

在农产品流通方面,传统线下农产品批发市场的数字化改造正在逐步推进，通过引入智慧管理系统，促进市场交易、结算、仓储、运输、配送等过程的数字化升级，利用大数据、人工智能等手段强化对市场各交易主体的组织服务，有效提高市场综合管理运营水平和农产品流通效率。同时，农产品电商、网红营销、直播带货等快速发展，让农产品搭上数字化营销"快车"，分散的农产品和消费者通过"云端"实现短链对接，改变了传统农产品多级分销流通模式，让农产品在田间地头就能卖出好价格。

2021年，我国农村网络零售额达到2.05万亿元，其中，农产品网络零售额达到4221亿元。在传统农产品流通模式中，大部分利润耗散在复杂、冗余的流通环节，农民只能拿到整个产业链1%左右的利润，通过精简流通环节，越来越多的农民能够分享到更多的产业利润。

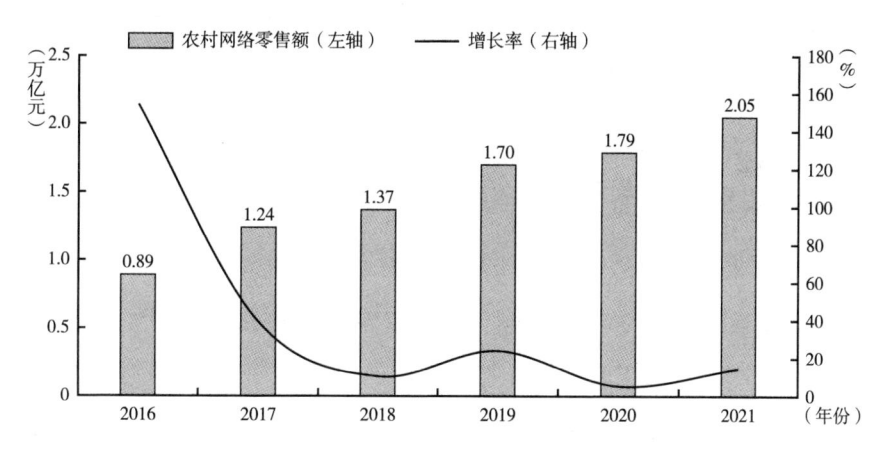

图4-1 2016~2021年我国农村网络零售额

数据来源：《中国电子商务报告（2021）》。

此外，乡村优秀文化资源数字化，催生出乡村文创、文旅等新产业新业态，美丽乡村、美丽田园等通过信息技术被推介到四面八方，吸引五湖四海的市民入乡并驻留乡村。2012年以来，我国休闲农业与乡村旅游接待人数呈明显增长态势（见图4-2），2019年接待人数达到32亿人次。受新冠肺炎疫情影响，近年来休闲农业与乡村旅游发展受到一定影响。

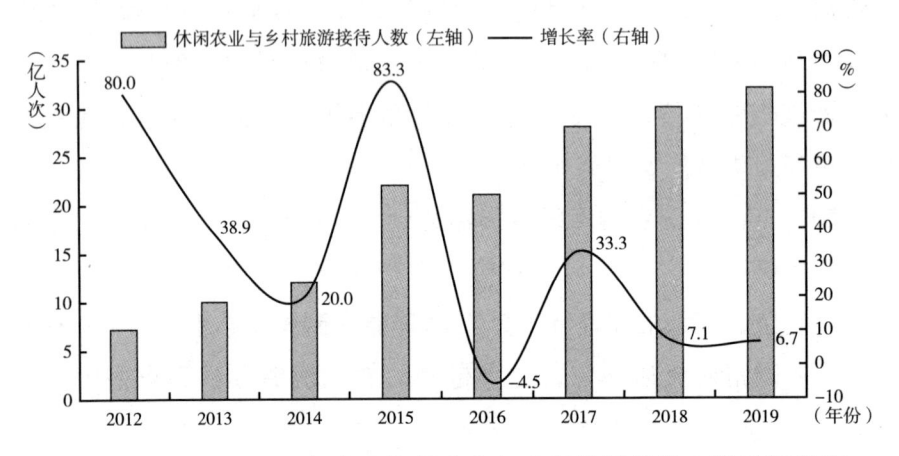

图4-2 2012~2019年我国休闲农业与乡村旅游接待人数及增长率

数据来源：农业农村部、文化和旅游部。

（四）数字技术助力产业绿色化转型

千百年来，我国传统农业就是绿色农业、有机农业。近半个世纪以来，为缓解农产品供应短缺问题，我国紧跟西方步伐进入了实用农业时代，农业生产大量施用农药、化肥。然而，随着我国资源环境约束趋紧，传统农业大水、大肥发展模式已不具可持续性；同时，在城乡居民消费升级背景下，绿色优质农产品供不足需问题也越来越尖锐，乡村产业绿色化转型已经成为必然趋势和紧迫任务。由于缺乏可操作、低成本技术手段，乡村产业绿色化发展的呼声很高，但成效甚微，而数字技术的渗透应用，使乡村产业绿色化发展变得可行、可见、可信。

在农业生产环节，农田生态数字化监测工作正在推进中，全国省级环境监测站、国家土壤样品制备与流转中心积极开展农田土壤环境例行监测，完成了对近4000个土壤环境风险监控点的监测工作，主要监测项目包括土壤理化性质和土壤重要污染物等内容。

同时，利用大数据、云计算、区块链、人工智能等数字技术，实现了农业投入品的精准决策、精准施用，单位节肥和节药效率分别提高35%和30%以上，[①] 推动了农业投入品减量发展，提高了农业绿色化发展水平。

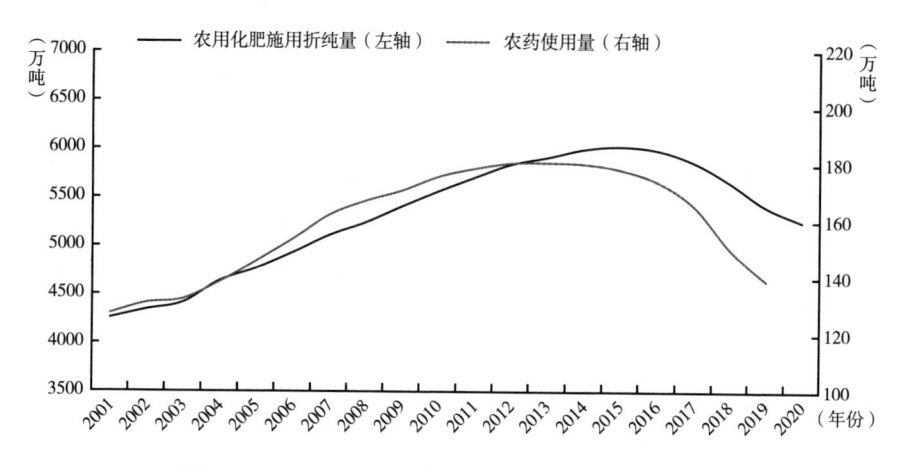

图4-3 2001~2020年农用化肥和农药使用量

数据来源：国家统计局。

在质量安全方面，全面推广应用国家农产品质量安全追溯管理信息平台，《中国数字乡村发展报告（2020年）》显示，目前全面质量管理种植业规模达到3261万亩，养殖业达到8211万头（只），水产追溯规模232万亩。农产品全面质量管理平台收集存储生产档案记录507万条，追溯产品20多万个批次。同时，区块链在农产品溯源领域的应用加快，越来越多的农民开始"尝鲜"区块链，"上链"正

[①]《海内外专家寻"数字技术"良方"触"农业发展"天花板"》，https://m.gmw.cn/baijia/2020-12/24/1301970149.html，2020年12月24日。

在成为农村地区"触网"之后的新选择。基于区块链不可篡改的特性，借助准入机制和产量控制的方法，可以从源头上保证农产品的真实性。2020年，蚂蚁链涉农业务量显著增长，其中农产品溯源同比增长近7倍。

专栏4-3　蚂蚁链与农产品区块链溯源

·发展痛点

随着城乡居民收入水平的提高，人们的生活消费不断发生变化，对食品安全越来越重视，对农产品品质的要求也越来越高，但市场上有机农产品、绿色农产品的品类琳琅满目、品质参差不齐，难辨真伪。相关数据显示，全世界受假冒伪劣产品影响的市场损失超过5000亿美元，每年假冒伪劣产品的成交额约占世界贸易总额的10%。尤其是食品类产品安全问题会直接损害消费者健康，成为社会公众的普遍关切。我国传统农业普遍存在信息不透明、数据碎片化、交易节点多等问题，消费者很难判断农产品的可靠性和安全性，而传统溯源成本高、可信度低、操作难度大。利用区块链不可篡改的特性，可以高效、便捷、低成本完成农产品"从田间到餐桌""从枝头到舌尖"的全流程溯源，对提升农产品质量安全水平具有重要意义。

·场景应用

目前，区块链在农产品溯源领域的应用越来越广泛，蚂蚁集团、腾讯、京东等科技企业都提供了相关的解决方案。以蚂蚁集团旗下蚂蚁链为例，其基于AIoT区块链可信服务，结合IoT设备自动采集的各类数据，通过将农产品种养殖过程、生产加工过程、流通过程的信息进行整合和追溯，真正实现跨越品牌商、渠道商、零售商、消费者，精细到一物一码的全流程正品追溯，实现线上线下零售的商品追溯与防伪，有效地保护了品牌和消费者的权益。通过将链上信息所代表的商流、资金流、物流、信息流"四流合一"，同时引入金融机构,基于这些链上信息为新型农业经营主体开展金融授信服务,为农业发展引入更多的金融"活水"。

作为全国著名的茶叶产区,福建省茶叶生产条件优越,产茶历史悠久,茶叶资源丰富,茶文化底蕴深厚,茶叶产量、单产、茶树良种普及率、全产业链产值、出口额增速等指标均居全国第一。为了解决茶产业发展中的痛点和难点,福茶网与蚂蚁链合作构建了基于区块链的溯源平台,让每件商品都有一张不可篡改的"身份证",实现福建茶产业高质量发展。其主要做法包括"正源头""全链路""溯单品"三个环节。

"正源头"是利用区块链技术所特有的不可篡改、不可抵赖、易追溯等特点,结合物联网、物流跟踪等技术手段,借助经营主体准入机制和多方数据交叉验证的方法,从源头上开始追溯,最大限度保障农产品源头信息的真实性,有效防范供应链中的各类鱼龙混杂和"李鬼"商品,在产生纠纷时,可以有效追责。

"全链路"是利用区块链、大数据等新兴技术,对接CCIC(中国检验认证集团)或者SGS(国际知名权威检测机构)等权威检测机构,以产业链、供应链为核心打造创新链,围绕"品牌、种植、加工、仓储、销售、溯源、品控"等关键环节,打通供应链各环节信息孤岛,确保信息实时同步、不可篡改,赋能各类茶企。推动茶产业各环节在提高协同效率的同时,防止中间环节出现调包或假冒情况。同时,基于"品牌为核心、人事物一体化"的思路,创新溯源体系。对接政府、检测机构及企业聚合产业大数据,记录从上游种植加工到下游商品零售各环节的人、物和检测信息,以溯源促品控、提品质。

"溯单品"是为提高福建特色茶产品的知名度、打造原产地品牌,推进地方优质茶产品品牌共同建设,通过建设统一的"区块链+溯源"平台,将区块链数据真实、防篡改、可追溯等特性赋能茶产品产业，给每件商品赋予区块链标识，实现"一物一码"，保证茶产品来源可追溯、去向可查。目前，蚂蚁链为福茶网建设的区块链溯源平台已经可以实现品牌商管理、商品管理、标识管理、码管理、溯源流程管理以及区块链底层数据及权限的管理，用户可以通过支付宝小程序扫码查看商品详情。

• **应用成效**

通过区块链溯源体系对产品供应链的各个环节进行跟踪，确保有效跟踪至产品源头，及时召回不合格产品，将损失降到最低，有效避免假冒伪劣产品的流通，保证产品质量安全，提升消费者购买意愿。我们对1044名消费者关于农产品上链感知的问卷调查显示，76.05%的消费者更愿意购买通过区块链对农产品进行产品质量追溯的产品。此外，农产品区块链溯源也提高了品牌认知度。福茶通过实现区块链溯源，品牌美誉度不断提高，推动了更多的福建茶叶走向全国、走向世界。

资料来源：笔者调研。

二 乡村产业数字化转型之困

新事物的发展、新技术的应用从来都不是一帆风顺的。不论从我国农业农村的特殊性和复杂性来看，还是从数字技术发展成熟度来看，这场注定影响广泛而深远的农业数字化转型都才刚刚拉开帷幕。数字技术作为一种颠覆性技术，引发了农业要素配置、生产组织、产业形态、产品流通的全方位深层次变革，既带来了产业重塑的力量，又形成了创造性的破坏。要充分发挥数字技术的效率倍增和增收致富作用，一些困难和挑战不容忽视。

（一）供给侧：数字技术应用经济性困境

数字技术应用开发的高投入和运营维护的长期性，决定了数字技术适农化改造的门槛较高。目前数字技术应用于农业领域的商业模式尚不成熟，技术应用收益与技术高效供给之间尚未形成良性循环。

没有规模何来经济性？低端农产品数字化更是不可能收回成本。规模化、全链条、多功能的产业数字化改造才具有技术经济性，而我国农业生产分散、链条脱节、功能单一，限制了数字技术的普及程度和应用深度，农业专用传感器、智能农机装备、农业区块链大规模组网等涉农数字技术应用的收益很难跨越"死亡谷"，导致数字技术供应商大规模投入却难以获得长期回报，涉农数字技术创新动力不足，技术供给浅层化、碎片化。以农业物联网为例，我国目前自主研发的农业传感器数量不到全球的10%，且其可靠性、稳定性、精准度等性能指标均不佳。

涉农数字技术创新不足，如果只是简单地移植城市、工业数字技术应用模式到乡村，极易出现"水土不服"。例如，不少区域性乡村智慧旅游或农村电商平台，仅是复制面向城镇居民的平台功能，无法适应农村市场分散、频次少、金额小的需求特点，导致活跃用户数量少、成交量小。

（二）需求侧：数字技术采纳意愿不强

"大国小农"是我国的基本国情农情，农业比较效益低，新技术应用"效费比"不高，数字技术有效需求不足。目前我国农业仍以家庭经营为主，经营耕地面积小于10亩的农户占比保持在85%以上，种粮亩均利润仅为200元左右，即便采用数字技术使亩均收益达到2000元，户均年收入也不足2万元。

务农比较效益低，造成小农户采纳数字技术的意愿不足，更遑

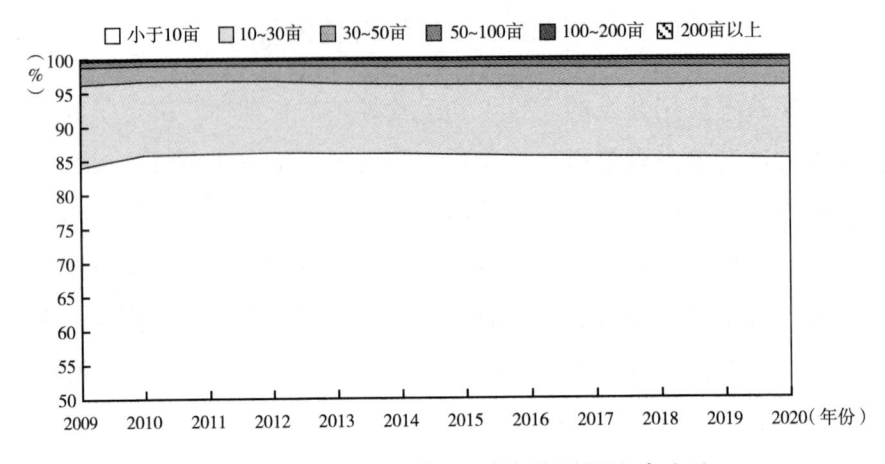

图 4-4　2009~2020 年不同经营规模农户占比

数据来源：国家统计局。

论数字技术应用还存在前期投入成本高，以及对劳动力素质的要求高等。同时，尽管农业规模化经营主体潜在需求大，但面临数字技术应用"效费比陷阱"。例如，一套农业物联网设备价格从 1 万元到十几万元不等，基本上需要 3 年以上才能收回成本。又如，农产品线上营销技能要求高，近年来大型电商平台上的获客成本持续升高，再加上网销农产品同质化严重，低价恶性竞争激烈，极易产生"劣币驱逐良币"现象，不少龙头企业坦言农产品销售仍以线下渠道为主。

（三）数据层：开放共享互联滞后

数据正在成为乡村产业发展的核心要素。数据的开放共享以及与其他要素的高效组合，是农业数字化的基本要求。目前，数据安全相关法律法规逐步建立健全，但数据开放共享难依然是一个普遍的现象，对农村来说尤为明显。"三农"领域哪些数据能够在一定范围、一定层级内开放共享并未明确，可操作的数据公开标准缺失，数字使用权相关立法滞后，导致涉农数据开发利用受限。

实践中，不少乡村数字服务企业不清楚涉农数据的收集和开发边界，担心擅自收集开发涉农数据将来会受到处罚，存在一定的后顾之忧。同时，尽管政府主管部门、涉农数据平台和企业各自掌握了大量有价值的数据，但由于尚无可操作的共享和交易机制，缺乏统一的数据采集、存储和传输标准，数据相互之间无法有效关联互补和实时互换，形成了大量"数据孤岛"，制约了数字技术应用的广度和深度。

例如，区块链+农村资产交易和抵押，需要权属人信用、司法等相关数据支撑，但农业主管部门无法调用相关部门数据，增添了数据重复采取程序，削弱了相关主体应用区块链技术的积极性。此外，银行需要贷款人收入、资产、消费、信用等数据的支撑，但受数据产权归属、隐私保护等限制，一些掌握了数据的平台企业并不愿意共享、联通数据。

（四）制度层：匹配性政策工具缺失

数字技术应用与配套制度改革不同步，越来越迟滞于乡村产业数字化进程。在产品交易方面，由于农产品市场基础性制度不健全，优质优价的农产品价格形成机制不完善，市场存在"劣币驱逐良币"现象，导致采纳了数字技术后的农产品价值无法充分兑现，影响数字技术的推广应用。在产权交易方面，农村产权交易数字化改造的前提是有海量交易数据，但是，当前许多农村集体产权仅完成确权颁证，价值评估、抵押融资等配套制度尚未跟进，价值高、需求大的农村宅基地、集体经营性建设用地改革滞后，还无法顺畅交易，各级农村产权交易机构参差不齐，流转程序不规范，进场交易比例低，利益协调和纠纷仲裁机制不健全，导致农村产权交易品种少、市场活跃度低。在农村金融监管方面，金融科技强监管使原有依托数字化快速拓展的农村普惠金融面临更高的机构准入和业务准入门槛，传统金融机构与互联网企业的跨行业合作则受到混业经营监管制约。

（五）基础设施层：建设运营投入机制不健全

我国乡村数字基础设施建设投融资机制不健全，公共性强的涉农数字平台建设在政府间、政企间缺乏有效的成本分担机制，打基础、管长远的农产品全产业链大数据、农业农村基础数据资源体系建设投入不足，乡村数字基础设施建设整体滞后，影响了数字经济向乡村产业渗透。2021年，我国农村地区互联网普及率为57.6%，低于城镇地区23.7个百分点。另据统计，我国数字经济渗透率已达到36%，但农业数字经济渗透率只有8.2%。

同时，低效、重复的乡村数字基础设施多，部分地区政府换届另搞一套，各部门各自为政，存在一定程度的资源分散浪费问题。如农业系统的益农信息社、邮政系统的村邮站、供销系统的供销e家服务网点均延伸到了乡村，但设施建设运营缺乏合作协调机制，没有形成合力。此外，乡村数字基础设施"建管用"不协同，不少地方政府只注重数字设施建设，对于设施运营维护缺乏长远规划和经费保障，很多建成的乡村数字设施功能不全、利用率不高。

（六）乡村数字排斥

从世界范围看，在数字技术不断渗透应用的过程中，不少国家都出现了数字排斥现象，即使在互联网和数字经济最发达的美国，65岁以上的老年人群体中还有很大一部分不使用互联网。对我国而言，随着大量农村青壮年劳动力向城镇转移，农村劳动力老龄化趋势加剧，整体文化素质趋于下降。全国第三次农业普查数据显示，我国农村55岁以上劳动力占比33.6%，小学及以下农村劳动力占比43.4%。然而，老年劳动力已经是乡村产业发展的重要主体，未来乡村产业振兴也将越来越依靠他们，但大多数老年劳动力缺乏基本的数字技术采纳和应用能力。

随着我国农业数字化程度不断提高、范围不断扩大，部分缺乏数字化技术应用能力的农村老年劳动力可能被迫退出农业，导致数字技术背景下的就业排斥，对其生活带来一定的负面影响。特别是，农村低收入就业人群无法为具有上网功能的电脑、智能手机等数字化设备和持续性的数字化消费支付费用，导致其无法使用数字化设备，对其基本就业权利产生影响，可能会产生"数字弃民"。在农业数字化过程中，如何将这部分群体纳入数字化进程，避免大量出现"数字排斥"问题，将是推进农业现代化过程中面临的重大挑战。

三 优化"四个关系组合"

我国乡村产业数字化前景固然可期，但数字化转型必然是一个长期的过程。加快乡村产业数字化，不能忽视了我国"大国小农"的基本农情，如果超越农业发展阶段进行硬性技术嫁接，或简单移植其他领域数字化模式的做法，都必然会遭遇挫折。只有将乡村产业数字化置于国民经济循环大格局，立足农业转型发展阶段，促进数字化与农业规模化、产业化、市场化、品牌化深度融合，形成技术、制度、市场的有效联结和互动，才能真正将数字技术潜能转化为乡村产业变革动能，转化为促进农业现代化、引领农民农村共同富裕的战略力量。

我国乡村产业数字化尚处于起步阶段，融合技术工具和政策工具、统筹政府和市场力量、兼顾发展激励与风险防范，促进乡村产业数字技术供给与需求高效适配，实现数字再生产的良性循环，是推动数字技术在乡村产业领域实现大规模应用的方向。

（一）更加适配的技术工具与政策工具组合

技术与政策，犹如驱动乡村产业发展的两个轮子，如果不能有效适配，即便技术创新再快，受改革和政策因素影响，技术效果也难以充分体现，反之亦然。从当前我国乡村产业数字化实践看，技术工具与政策工具的匹配性不足的问题已初现端倪，数字技术只是在局部乡村、少数领域、部分人群显效，而由浅入深、由点及面的规模化应用依然困难重重。这一问题显然已经超出了技术本身的范畴，取决于政策调整速度、改革推进深度，与数字技术创新应用需求不匹配，则创新链与政策链无法相互支撑。因此，强化乡村数字技术应用效果，需要强化技术链与政策链整体构建，形成更加适配的技术工具与政策工具，具体包括以下三个层次。

一是政策生态层。参天大树必然根植于沃土。良好的政策生态，可以为数字技术创新应用厚植土壤。应结合法治乡村建设，健全乡村数字生态规则体系，提升基层数字生态治理能力，营造市场化、法治化环境。推动政策激励与有效规制协同，降低制度性交易成本，创造良好稳定的市场预期。健全考核机制，引导地方政府增强对乡村产业数字化发展的包容性，摒弃"今天建、明天就要见效"等急功近利、仓促求成的思想。

二是机制建设层。市场良性运行离不开高效的制度供给。乡村产业数字化制度建设，首先要解决好资金投入和要素配置问题，既充分发挥财政资金与国家级投资基金的引导作用，又应通过建立健全财政资金分级投入机制、政府和企业风险分担机制，调动各方积极性。更为重要的是，强化制度的稳定性和政策的连续性，推进地方政府政策手段的机制化建设，避免政府规制"急刹车"或"猛给油"、新官上任"另起炉灶"另搞一套系统，造成财力浪费。

三是制度供给层。农村重要领域和关键环节的改革，将会显著影响数字技术应用的广度和深度，以及向现实生产力转化的速度。推进乡村产业数字化向深度进军，需要在农产品价格形成机制、农村集体产权制度、市场基础性制度等方面的改革上取得更大突破，强化制度供给，降低数字技术应用的成本和风险，提高新型经营主体采纳数字技术的支付意愿，促进实现技术创新和经济效益的良性循环。

政策生态
· 营造市场化、法治化环境
· 推进政策激励与有效规制协同
· 保持更强的包容性

机制建设
· 形成财政资金分级投入机制
· 健全政府和企业风险分担机制
· 实现政策手段的机制化

制度供给
· 健全的农产品价格形成机制
· 完善的市场基础性制度
· 增强数字技术支付意愿

图 4-5　数字技术配套政策工具

（二）更加融合的数字技术与其他前沿技术集群

孤树不成林。技术融合能够产生新的组合，并通过联合应用形成技术集群。技术只有集群化才能真正实现创新发展。尽管数字技术蕴藏着巨大的变革力量，具有强大的融合能力和超越时空能力，对乡村产业发展具有潜在的颠覆性影响，但要触发一场真正意义上的乡村产业革命，仅靠数字技术是远远不够的。

一般而言，产业链中的每个环节甚至每个环节上的不同产品都会运用到不同的技术，某种技术的使用可能又必须以某些上游技术的使用为前提，因此，技术耦合性对整个产业链竞争力的提升至关重要。我国农业产业各环节长期分离，产业链的技术一致性不强，或存在"断点"，要系统性地解决乡村产业发展问题，就需要技术融合和系统性思考，构建跨行业的技术集成与解决方案已经成为共识。

根据技术核心的特征差异，未来可能深刻影响我国乡村产业发展的前沿新技术大体可以归类为三大集群，即数字化技术集群，包括云计算、大数据、物联网、人工智能、区块链等；生命科学技术集群，包括基因工程、微生物、蛋白质组学、合成生物学等；智能制造和新材料技术集群，包括新材料、纳米技术等。

在上述三大集群中，数字化技术集群尽管大多还没有迈入技术成熟度曲线的生产力成熟期，对乡村产业发展的颠覆性影响尚未得到大规模证明和认可，但已经显现出融合其他技术集群、提升技术效率的潜力。基于此，一方面，要推进数字技术规模化应用，使数字技术贯穿于农业全产业链，促进区块链、物联网、大数据、人工智能等在农业供应链领域的集成应用。另一方面，要鼓励数字技术与生物技术、新材料、智能制造等其他新兴技术的融合和集成应用，进而推动农业、食物系统的全方位、全周期变革。

（三）更加互补的数字技术设施与传统基础设施体系

基础设施是经济社会发展的基石，具有战略性、基础性和先导性作用。推进乡村产业现代化，离不开现代化基础设施的有效支撑，这既涉及传统农业基础设施的改造升级，也包括数字技术设施建设，二者不可或缺。数字技术设施代表着未来发展方向，对推进农业现代化具有长远意义，但传统农业基础设施建设打基础、管当前，也同样十分重要，不能将传统农业基础设施和数字技术设施割裂开来，更不能用数字技术设施来完全替代传统基础设施。

在一定程度上传统农业基础设施"补短板"在当前阶段具有更加重要的意义。目前，我国农村水利、公路、电力、冷链物流等传统基础设施的"短板"还很突出，城乡、区域及"建管养运"各环节之间仍然存在发展不平衡、供给不充分等问题。例如，全国还有4亿亩低产田，占耕地面积的22%；农产品产后商品化处理设施和冷链物流设施明显不足，水果、蔬菜等产后损耗率高达20%。农业基础设施整体质量、综合效能和服务水平还有很大的提升空间。加快补齐传统基础设施"短板"，依然是极为紧迫的任务，也会为数字技术设施的应用提供条件。

传统农业基础设施与数字技术设施互补相融，而不是互斥对立的。如果没有发达的农田水利设施体系、交通运输体系、冷链物流体系，数字技术应用效果也必将大打折扣。为此，要统筹好增量和存量、新型基础设施与传统基础设施的关系，优化基础设施空间布局、功能配置、规模结构，积极构建高速、泛在、安全的新一代信息基础设施，推动新型基础设施与传统基础设施跨界融合发展，发展智能电网、智慧物流、智慧水利，利用数字技术促进传统农业基础设施优化服务和提升效能，进而拓展其作用范围并优化作用机制。

（四）更加紧密的政府与社会资本投资合力

数字技术设施兼有公共产品和新兴产业特性，创新性更强、发展变化更快，面临更大的市场不确定性，这决定其投融资模式与传统农业基础设施有着很大的差别，探索出一套适宜新技术基础设施特点要求的投融资机制是非常必要的。考虑到数字技术设施的特点，以及当前地方政府财力普遍紧张的现实，需要同时发挥政府引导和市场主导两方面的作用，形成政府投资和社会投资的合力。

基于数字技术设施的基础性、公共性和通用性，考虑农业领域应用见效慢、风险大的特点，需要加强政府的统筹规划和布局，将其纳入农村基础设施投入体系，建立财政投入稳定增长机制，根据经营性和竞争性程度，明确不同数字技术设施的公共产品定位，形成分级分类投入机制；推进政府购买服务，创新农村基础设施建设和运营模式。

基于数字技术设施的新兴产业属性，需要厘清数字技术设施产权，破除对社会资本开展乡村数字技术设施投资的隐性障碍，充分利用市场机制进行投融资，建设投入以企业为主，政府可以在宣传引导、数据开放、应用场景培育、行业标准建设等方面加大支持力度。

此外，数字技术设施"怎么建"也很关键，"如何用"同样重要。需要妥善处理"建"与"用"的关系，统筹考虑数字技术设施后期运营管理、维护等，创新运营模式，促进平台功能丰富与海量使用双向迭代、互促共进，防止出现"建易用难"的问题。

四 数字化引领"三大结构性变革"

在我国经济现代化进程中，乡村产业的系统性变革不可避免，也终将完成。这场涉及资源配置方式、产业组织形态、发展动力结构演化的系统性变革又将是渐进的，我们希望数字技术能够在这场产业迭代演化进程中发挥催化、引领作用，既有疾风骤雨，更需静水深流。

这一切必须建立在对乡村发展规律和信息化发展规律的认识和遵循上，将数字化与农业产业化、市场化、资本化等结合起来，以农业产业变革、农产品市场流通体系变革、农村资产变革等三大结构性变革为抓手，激活主体、激活要素、激活市场，从而构建层级更高、结构更优、可持续性更好的乡村现代化经济体系。

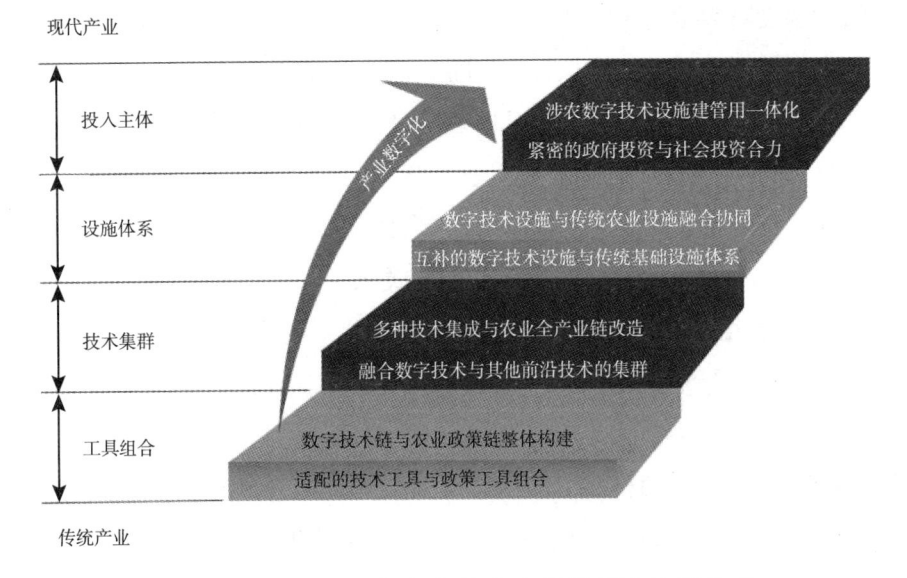

图 4-6　乡村产业数字化技术应用的四个协同关系

（一）农业产业变革

我国农业发展需要一场深刻的产业变革。这场变革必然由技术革新引发，但只有技术革新的成就广泛应用于农业，并直接改变生产关系，才能称为农业产业变革。当前，随着现代信息技术在农业领域的广泛应用，数字技术引发的农业产业变革正在持续孕育。充分发挥数字技术的引领作用，形成真正创造更高劳动生产率的农业产业变革，需要从两个层面予以进一步拓展，加快构建以数字技术为核心的新技术体系。

1. 第一个层次：推进农业实体性要素变革

生产力是在劳动者、劳动资料和劳动对象三者交互作用下形成的。数字技术的深化应用，只有在促进农业实体要素变革的情况下，才能真正释放出巨大的生产力。为此，需要加强数字技术对农业对象、环境和全过程的可视化表达、数字化设计、信息化管理，加快数字化终端设备普及应用,提升农业经营主体素质,使农业全生命周期数字化、数据化,让手机、无人机、智能化农业机械等成为"新农具",数据成为"新农资",促进农业资源空间上的优化配置和时间上的合理利用,进而提升农业产业链运营效率,推动农业增长方式从依赖自然资源向依靠信息资源和知识资源转变。

2. 第二个层次:构建新的农业生产关系

数字时代的生产力需要数字化的生产关系与之匹配。为此,应结合农村一二三产业融合发展,从生产、交换、分配、消费等方面入手,充分利用数字技术来革新农业生产关系,包括依托"反向定制"等改变农业生产组织模式,提高农业组织化程度;发展基于区块链的资产确权交易、公共品牌建设,推动农业规模化、品牌化生产;发展新型电商创造新的交换模式,提高市场流通效率,最终实现农业生产方式、组织模式等全方位塑造,增强农业产业整体素质、效益和竞争力。

(二)农产品市场流通体系变革

对于一个国家而言,没有高度的市场化水平和现代市场体系,就不会有真正意义上的农业现代化。市场化过去是,将来也仍将是我国农业发展的关键动能。改革开放40多年来,我国农业市场化改革走出了一条渐进式道路,将传统乡村社会带入现代市场经济轨道,取得的成效十分明显,但呈现出"半截子"特点,农业市场化建设滞后,成为当前制约农业高质量发展的重要瓶颈。在一定程度上,市场化转型是否彻底,农产品价格形成和要素优化配置是否主要由市场机制决定,将影响到农业现代化的进程和成色。

相比于要素市场化,农产品市场化是当前数字技术可以大有作为的领域,技术应用场景不断涌现。农村电商等新业态、新模式加快发展,农产品流通数字化改造已经成为改变和塑造农产品市场流通格局的重要变量，但这场变革之旅显然才刚刚开启。

在社会再生产过程中，流通效率扮演着与生产效率同等重要的角色，现代高效流通体系对畅通城乡经济循环具有十分重要的作用。过去多年来我国农产品电商发展的实践已经充分表明，不论具体形式如何迭代，单一的农产品流通模式创新如果无法与农业组织化、产业化有效衔接起来，其供应链体系的关键痛点，即分散家庭经营条件下特色农产品的均质化、规模化供应问题，就很难真正破除。

依托电商发展来提升农产品商品率和供需匹配效率，需要形成农业全产业链技术联结，将互联网与大数据、物联网、区块链等新兴技术进行集成，通过数字化农业服务、区块链溯源、反向定制、现代流通等，贯通产业链、提升价值链，只有这样，农产品电商的变革力量才能全面释放出来。

农产品电商对农产品市场化起到催化作用，但显然只是农产品市场流通变革中的"冰山一角"。现实是，中国农产品流通目前大部分仍以农贸市场为主。不少农产品市场，尤其是三、四线城市的农产品批发市场，设施设备落后，服务功能不完善，农产品流通仍然停留在粗放式发展的低水平阶段，建设规模和水平都较低，远未形成高水平、全方位、大流通格局。结合当前公益性农产品批发市场建设，利用数字新技术，加快农产品批发市场信息化和智能化改造，推动实施电子结算，促进人、车、货可视化、数字化管理，打造"智慧农批"成为必然趋势，也是未来数字技术的重要应用场景。

（三）农村资产变革

全面建成小康社会后，我国广大农民已经迈上共同富裕的新征程。未来一个时期，集体资产变革将会是一场涉及亿万农民和农村集体根本利益的深层次变革，也是打开农民农村共同富裕大门的一把钥匙。目前，全国共有集体土地总面积65.5亿亩，账面资产6.5万亿元，其中经营净资产 3.1 万亿元，占 47.7%；村级资产 4.9 万亿元，村均 816.4 万元。

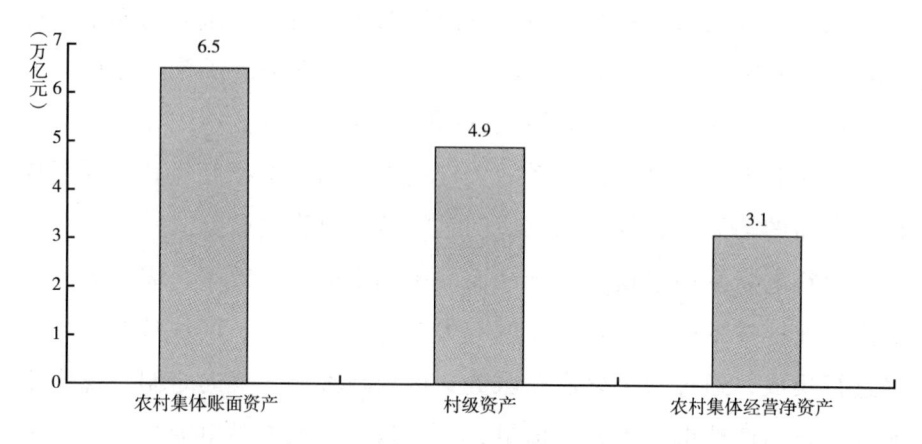

图 4-7 我国农村集体资产情况

数据来源：农业农村部。

尽管我国农村集体资产总量庞大，但存在产权虚置、账目不清、分配不公开、管理不透明等诸多问题，资产价值没有充分被激活，不论是与发达国家相比，还是从对农民收入增长的贡献看，我国农民财产性收入水平都太低，未来增长的空间较大。目前，不断深入推进的农村集体产权制度改革，为实现资产变革打下了制度基础，而区块链等数字技术的应用，将会成为引发农村资产变革的导火索。

目前，利用区块链等数字技术推动农村资产确权交易的实践探索已经起步，如江苏省利用蚂蚁链在农村产权交易服务平台中引入区块链技术，打造了"区块链+农村产权交易"并取得了一定成效，但"区块链+农村产权交易"目前局限在农村土地承包经营权领域，区块链资产交易平台建设和运营成本分担机制也不健全，从真正形成广泛效果而言，还需在应用深度和范围上进一步拓展，把"区块链+农村产权交易"纳入农村集体产权制度改革试点，完善投入机制，形成综合性支持方案，促进"建管用"一体化发展。

同时，数字技术在推动资产变革的领域也需要进行拓展。未来需要围绕农村宅基地和集体经营性建设用地等资产、农业知识产权、生态资产等，利用物联网、大数据、人工智能、区块链等数字技术，推进价值的显化和合理转换。其中，生态资源资本化具有重要意义。

目前，在自然资源转化为自然资本的过程中，存在资产底数不清、所有者不到位、权责不明晰等问题，削弱了自然资源作为商品的完整属性。利用物联网、大数据、人工智能等数字技术，构建高精度数字化资源系统，对土壤、森林、空气、水等环境要素进行数字化采集、存储和分析，并利用区块链等新技术建立生态产品的质量追溯机制，实现生态产品的量化表达、核算审计和动态评估，形成生态价值地图，助力生态资源以价值形式、产品形态参与市场配置，实现生态价值合理转化。

（四）未来拓展方向

道阻且长，行则将至。在全面推进乡村振兴的新征程上，应积极拥抱数字经济浪潮，实施一系列举措，加快构建集知识更新、技术创新、数据驱动于一体的乡村产业发展政策体系，让乡村产业插上数字化翅膀，让农民共享数字化红利。这些策略包括但不限于：丰富拓展乡村产业数字化应用场景、提升农民数字技术采纳意愿和能力、构建亲数字的乡村基础制度体系、健全乡村产业数字化匹配性制度、推进乡村数字技术设施建用并重、提升乡村产业数字化红利共享水平、系统谋划乡村产业数字化规制措施、前瞻性防范乡村产业数据安全风险。

实现全面小康后，我国已经开启了迈向共同富裕的新征程。推进全体人民共同富裕，农民不能掉队，农村是主战场。对我国这样一个发展中的农业大国而言，农民农村共同富裕之路究竟该如何走，既无历史经验可循，世界范围内也尚无先例可鉴。从马克思主义所揭示的共同富裕发展规律看，只有社会生产力高度发展，共同富裕才能充分实现。我国摆脱贫困到实现全面小康的实践也表明，发展农村生产力不论是过去还是未来一个时期都将是实现农民致富的根本出路。

正如美国著名学者罗伯特·戈登所言："增长的每一种来源都可以还原为创新和技术变革的作用。"未来一个时期数字技术所引发的乡村产业变革，将为解放和发展农村生产力提供强大动能，这一过程还将持续深化，并最终指向农民农村共同富裕。实现农民农村共同富裕是一项长期而艰巨的任务，是物质生活和精神生活富裕相统一的全面富裕。我们欣然地看到，当前数字技术应用已经超越乡村产业领域，逐步向农村生态、文化、治理等领域渗透，如"互联网+政务服务""互联网+农村社区"的乡村智治体系建设，"互联网+教育""互联网+医疗健康"等城乡公共服务数字化建设，为乡村发展带来积极变化。

可以预见，未来在乡村文化建设、社会建设、生态文明建设领域，数字技术的应用范围会越来越宽、程度会越来越深，更加丰富的数字技术应用场景会不断涌现。当然，这对数字技术自身的变革也提出了新的更高要求。全面建设社会主义现代化国家，既要建设繁华的城市，也要建设繁荣的农村。建设美丽繁荣的新农村，我们对数字技术充满期待，也必然信心满满！

第五章 "扩中"：新生代农民工的群体跃升

持续数十年的人口大流动、大迁徙之后，我国可能即将迎来一个定居和安居时代。第七次全国人口普查数据显示，我国人户分离人口，即经常居住地和常住户口登记地不一致的人口达到了4.9亿，流动人口达到3.75亿。流动人口中很大部分是农民工。目前，我国农民工人数近3亿人，数量还在增长，但外出农民工增速总体下降，并且农民工群体结构不断变化，新生代农民工占到近一半。

所谓新生代农民工，是指1980年及之后出生，进城从事非农业生产6个月及以上的，常住地在城市、户籍地在乡村的劳动力。相比老一代农民工，新生代农民工大多没有从事农业生产活动的经验和技能，既很难在就业生活的大城市落户，也不太愿意回乡村，有人形容这部分群体是"城乡双重边缘人"。随着新生代农民工年龄和婚育需求增长，定居何处将是十分现实的问题。可以预见，未来新生代农民工大多会定居在城镇，无非在哪一个层级的城镇落户而已。随着我国城镇结构体系的逐步完善，以新生代农民工为代表的流动人口将引领定居和安居时代的到来。

新生代农民工在城乡、区域之间的流动，以及未来在不同城镇之间的落户定居，将使过去的城乡差距、区域差距、收入差距交织在一起。新生代农民工群体，将成为破解我国城乡和区域在收入、公共服务等方面差距的关键人群，未来也可能是扩大我国中等收入群体的关键力量。

一 "扩中"的关键群体

实现共同富裕,关键标志是扩大中等收入群体,形成橄榄型社会,为共同富裕奠定坚实基础。

共同富裕的场景是衣食有余、人人富足,但个人的禀赋能力不同,个体间的富裕程度必然存在差异。然而,这种差异不可能无限度拉大,甚至制造出两个对立的阶层。贫富分化会形成阶层对立,加剧"为富不仁"和"杀富济贫",这是任何国家和民族都不愿意重蹈的覆辙。同时,个体生活富足程度无差异的存在,将造成个体努力激励丧失,最终沦为低水平均衡。显然,这两种情形都不是共同富裕。

那么,保持什么样的差异是合适的,既有利于激发个体积极性,又有利于维系社会稳定。社会学与经济学理论研究者提出了橄榄型社会这一概念,即社会阶层结构中极富极贫的很少,中间阶层数量庞大。从全球视域来看,许多发达国家已经形成了橄榄型社会形态,大量研究也认为,以中等收入群体为主的橄榄型社会结构,有助于缓解贫富差距蕴蓄的对立情绪,以及由此衍生的系列社会问题,是一种比较稳态、健康的社会结构形态。

目前,我国人均 GDP 超过 1 万美元,根据国家统计局公布的数据,我国中等收入群体已超 4 亿,1.4 亿家庭年收入 10 万~50 万元,形成了世界上规模最大的中等收入群体。然而,从比例看,我国中等收入群体占总人口的比重只有三成左右,离"中间大、两头小"的橄榄型社会目标要求还有不小差距。从质量看,现有中等收入群体中有很大一部分刚刚迈过中等收入下限,滑出中等收入群体、跌入低收入群体的风险还较大。与主要发达国家相比,我国中等收入群体的发育还存在一定差距。

怎样才能扩大中等收入群体？如果把全社会收入群体划分为三个层次，大致可以分为高收入、中等收入、低收入，扩大中等收入群体的方向就是"扩中"和"提低"，即扩大中等收入群体占比，提高低收入群体收入水平。经济学理论中著名的"木桶理论"是指木桶装多少水是由最短的那块木板来决定的，有短板就装不满水，而木桶底板有漏洞也装不了水。"扩中"，既是为了把收入的短板补齐，也是为社会发展加固"底板"。

那么，"扩中"的目标群体有哪些？2021年，浙江省出台《浙江省"扩中""提低"行动方案》，明确提出9类重点关注群体，分别是技术工人、科研人员、中小企业主和个体工商户、高校毕业生、高素质农民、新就业形态从业人员、进城农民工、低收入农户、困难群体，除低收入农户和困难群体以外，7类群体皆是"扩中"应瞄准的对象。其中，进城农民工特别是新生代农民工，综合来看有可能、有条件成长为中等收入群体。

如果在推进新型城镇化建设进程中，新生代农民工能够顺利转变为新型市民，并且从中成长起一批中等收入者，必将显著改善我国社会结构，加速推进实现共同富裕。

国务院发展研究中心刘世锦团队的研究成果显示，到2030年有可能进入中等收入群体的3.7亿人主要对应的是2018年家庭年收入4万~6万元、6万~8万元和8万~10万元的低收入家庭，这个群体中城镇居民占比为57%，乡村居民占比为31%，外来务工人员占比为11%。[①] 新生代农民工的流动和定居，牵动城乡发展，如果他们能够顺利成为中等收入群体，对释放城镇化内需潜力、推动农民农村共同富裕具有重要意义。

---

① 刘世锦主编《新倍增战略》，中信出版社，2021。

二 离中等收入群体还有多远

(一) 产业工人的主体力量

无论是在北上广深等一线大城市还是在其他城市都有大量的新生代农民工。他们年富力强，活跃在城市各个角落，为城市发展贡献着汗水与努力。2017年，我国新生代农民工占全国农民工总量的比重超过半数，达到50.5%。近年来，这一群体的占比虽有波动，但均处在50%左右，2021年40岁及以下农民工占比为48.2%。

当前，新生代农民工已经是我国产业大军中的重要力量。与老一代农民工大多集中在建筑行业和制造业不同，新生代农民工从事服务业的比重更高。跑快递、送外卖、开网约车、做家政服务……除制造业和传统服务领域外，新生代农民工从事现代服务业的人数增加。

根据人社部发布的《2020年北京市外来新生代农民工监测报告》，新生代农民工就业人数排前五位的行业依次为居民服务、修理和其他服务业，制造业，建筑业，批发和零售业，住宿和餐饮业，而从事信息传输、软件和信息技术服务业的新生代农民工比例达到7.9%。

(二) 更高的受教育程度

与老一代农民工相比，新生代农民工普遍接受过较好的教育，平均受教育年限更长一些。根据国家发展改革委和中华全国总工会2020年对全国23232名农民工的抽样调查结果，新生代农民工中拥有初中以上学历的人数占比达到77.6%，远高于老一代农民工的46.7%；

表 5-1 2019~2020 年北京市新生代农民工主要从事行业占比

单位：%

行业类别	2019 年	2020 年
居民服务、修理和其他服务业	16.3	18.1
制造业	12.9	15.6
建筑业	14.0	13.1
批发和零售业	15.8	12.1
住宿和餐饮业	11.0	8.3
信息传输、软件和信息技术服务业	4.2	7.9
交通运输、仓储和邮政业	8.5	5.6

数据来源：《2020 年北京市外来新生代农民工监测报告》。

同时，拥有大学本科及以上学历的新生代农民工占比达到 17.3%，而老一代农民工这一比例不到 3%。

表 5-2 新生代农民工与老一代农民工学历比较

单位：人，%

学历	新生代农民工 人数	新生代农民工 占比	老一代农民工 人数	老一代农民工 占比
小学及以下	260	1.50	530	9.00
初中	3624	20.89	2607	44.28
职高、技校或中专	2974	17.15	614	10.43
高中	2438	14.06	1311	22.27
大专/高职	5057	29.16	665	11.30
大学本科	2874	16.57	158	2.68
硕士研究生及以上	118	0.68	2	0.03

数据来源：国家发展改革委和中华全国总工会 2020 年对全国 23232 名农民工的抽样调查。

浙江大学李实教授团队的研究结果显示，目前我国中等收入群体平均受教育年限为11年。① 按照上述抽样调查数据粗略测算，我国新生代农民工平均受教育年限达到12年，且高中及以上受教育程度人数占比超过60%，与中等收入群体的受教育程度相当。仅仅从受教育程度来看，多数新生代农民工完全有望迈入中等收入群体。

更好的教育，有助于实现更稳定的工作，获得更满意的收入。研究表明，受教育水平与农民工收入存在显著正相关关系，较高的受教育水平有助于提高新生代农民工就业收入。上述抽样调查数据显示，新生代农民工受教育程度越高，月均收入水平越高。比如，小学及以下受教育程度的新生代农民工月均收入水平最低，约为3449元，硕士研究生及以上月均收入最高，达到7219元。通过比较所有农民工受教育程度与收入的分布变化，受教育程度与收入水平的正向相关关系依然存在。

"读得五车书，富贵从中来。"较高的受教育程度有利于新生代农民工提高收入、迈入中等收入群体。

表5-3 农民工受教育程度与月均收入分布调查

单位：人，元

收入区间	小学及以下	初中	职高、技校或中专	高中	大专/高职	大学本科	硕士研究生及以上
1500元及以下	84	206	102	106	115	43	2
1501~2500元	225	961	481	482	680	233	3
2501~3500元	193	1668	993	1031	1552	714	9
3501~5000元	204	2362	1268	1360	1948	1058	27

---

① 杨修娜、万海远、李实：《我国中等收入群体比重及其特征》，《北京工商大学学报》（社会科学版）2018年第6期。

续表

收入区间	小学及以下	初中	职高、技校或中专	高中	大专/高职	大学本科	硕士研究生及以上
5001~8000元	74	862	586	613	1091	719	45
8001~15000元	7	142	148	144	313	235	27
15000元以上	3	30	10	13	23	30	7
平均收入	3257	3993	4207	4211	4453	4960	7290

注：除最后一行数值为收入外，其他数值为不同收入区间调查人数，其中，平均收入根据数学期望值测算法的估算数值，下同。

数据来源：国家发展改革委和中华全国总工会的抽样调查。

表5-4 新生代农民工受教育程度与月均收入分布调查

单位：人，元

各收入区间	小学及以下	初中	职高、技校或中专	高中	大专/高职	大学本科	硕士研究生及以上
1500元及以下	36	102	90	69	106	42	2
1501~2500元	44	464	396	280	615	222	3
2501~3500元	67	930	826	678	1383	685	9
3501~5000元	80	1455	1043	890	1731	1010	27
5001~8000元	29	568	482	419	948	683	45
8001~15000元	3	88	129	96	258	208	25
15000元以上	1	17	8	6	16	24	7
平均收入	3449	4134	4213	4250	4395	4898	7219

数据来源：国家发展改革委和中华全国总工会的抽样调查。

（三）加快向新型技工转型

近年来，我国新生代农民工群体学历水平、学习意识都在提升，他们中很多人有能力从事IT行业，也能胜任更多高新技术类岗位。

上述抽样调查结果显示，新生代农民工群体中从事专业技术人员岗位的占比较高，达到13.5%，高出老一代农民工2.6个百分点。

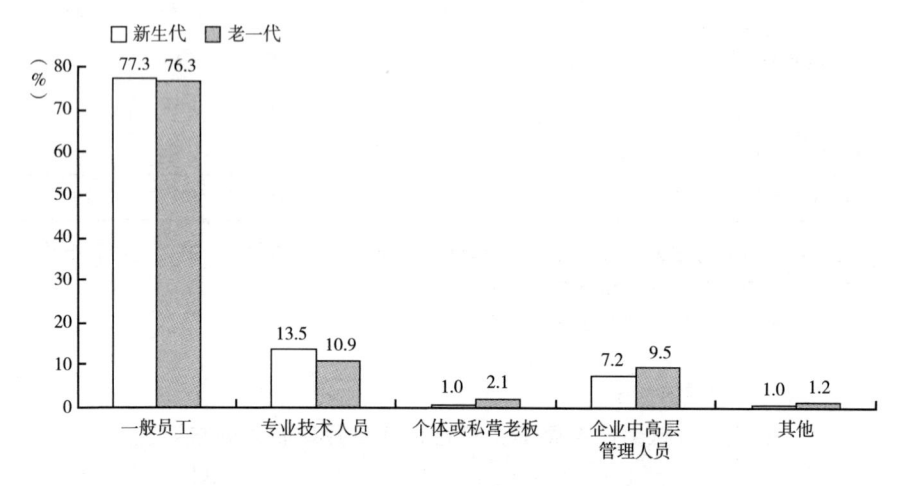

图5-1　新生代与老一代农民工职业岗位调查

数据来源：国家发展改革委和中华全国总工会的抽样调查。

不少年轻人不仅具备从事高技术岗位的能力，而且越来越多人热衷于编程变身"码农"，这与老一代农民工的择业状况很不同。来自山东农村的"95后"小刘就是典型代表。

小刘自职校毕业后就在北京工作，如今在一家小型互联网公司从事网站搭建工作3年，是一名不折不扣的"码农"。据小刘介绍，与他类似在互联网公司工作、来自农村的伙伴比较多，他们选择这份职业的主要原因是薪资比较有吸引力，每月收入超过1万元，除房租外，剩余收入完全可以覆盖在游戏、服饰、美食等方面的消费支出。

同时，越来越多的新生代农民工认为提升自我和赚钱同等重要。《2021新生代农民工职业技能调研报告》显示，认为赚钱养家和提升自我最重要的新生代农民工分别占36%和35.9%；而且，69.1%的"95后"新生代农民工渴望获得职业技能培训机会，其中75%的人想从事服务行业，尤其是与互联网相关、数字化程度高的服务业。

调查发现，新生代农民工特别是"95后"农民工如果职业技能没有随着产业升级、数字化升级而增长，工作年限越长，收入和上升机会并不会越多，甚至会越少。因此，新生代农民工对提升自我、学习新技能，表现出了较强的意愿。

做一天休三天的"三和大神"绝不能代表新生代农民工。随着越来越多的新生代农民工具备了高新行业就业技能，以及进入高新技术行业就业，这个群体中将会有越来越多的人跨入中等收入群体。

（四）向中等收入群体标准靠近

从上述农民工抽样调查结果看，当前我国新生代农民工的月均收入大多处于3500~5000元，占比达到36%，综合测算后月均收入约为4400元。如果按照世界银行每天收入10~100美元的较低标准测算，我国新生代农民工日均收入早已远远超出10美元下限，约90%以上的人群已经进入了中等收入群体行列。如果按照学术界普遍提出的年收入10万~50万元的较高标准看，也有约5%的新生代农民工进入了中等收入群体，18%的新生代农民工收入水平接近中等收入群体标准。

在大城市就业的新生代农民工，收入水平相对更高。根据《2020年北京市外来新生代农民工监测报告》，按照收入水平排序，北京市外来新生代农民工从业人数最多的七个行业，依次为信息传输、软件和信息技术服务业，建筑业，交通运输、仓储和邮政业，制造业，批发和零售业，住宿和餐饮业，居民服务、修理和其他服务业，月均收入分别为10571元、6587元、6489元、6017元、5888元、5668元、5195元。

结合北京外来新生代农民工就业分布情况粗略估算，外来新生代农民工月均收入为6348元，年收入达到7.6万元。如果按照年收入

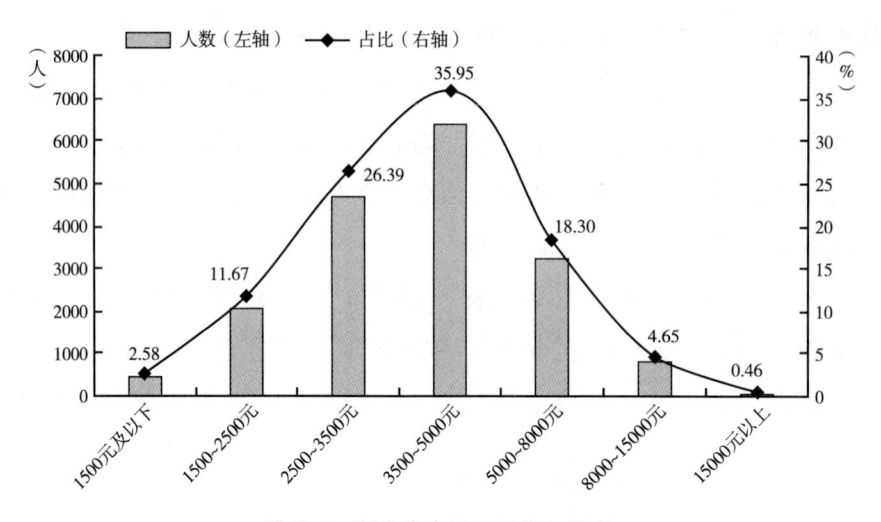

图 5-2　新生代农民工月收入调查

数据来源：国家发展改革委和中华全国总工会的抽样调查。

10万~50万元的中等收入标准，约8%的新生代农民工进入中等收入群体。

表 5-5　2019~2020年北京市新生代农民工主要从事行业收入水平

单位：元

行业类别	2019年	2020年
居民服务、修理和其他服务业	5331	5195
制造业	4755	6017
建筑业	5868	6587
批发和零售业	6263	5888
住宿和餐饮业	5147	5668
信息传输、软件和信息技术服务业	9150	10571
交通运输、仓储和邮政业	6280	6489

数据来源：《2020年北京市外来新生代农民工监测报告》。

亿万农民工在城乡之间长时间、大范围流动，是我国经济社会发展的独特现象和强大支撑。过去，农民工用智慧和汗水支撑了中国制造，铸就了中国奇迹，推动了工业发展、城市建设。如今，新生代农民工已经成长为一支庞大的力量，他们受教育水平高、拥有一定职业技能、部分具有强烈的学习愿望，正在用他们的智慧与勤劳，一步一步向着中等收入群体迈进。

三 实现群体跃升的障碍

（一）职业频繁切换

与老一代农民工外出就业"挣票子、盖房子、娶妻子、生孩子"的目标不同，新生代农民工眼界宽绰、观念"前卫"，对工作环境、生活品质的要求更高，更加注重体验生活，喜欢尝试新鲜事、新鲜活，很难像老一代农民工那样守着一门手艺干一辈子。中国劳动学会2019年调查数据显示，新生代农民工没有换过工作的仅占26.3%，换过一两次工作的占44.3%，甚至有5.5%的人换过7次以上的工作。2020年，我们对苏州市几家制造企业的实地调查也发现，当地"90后"农民工"半年一跳槽"的情况非常突出，某企业介绍道，"一线车间里的年轻农民工基本上1~2年能重新换一茬"。

父辈为生计，今朝为喜好。我们的调查进一步显示，许多新生代农民工成了"工漂"。浙江省某县为缓解"用工荒"，县领导亲自赴河南省某县招引700多名务工人员。这些务工人员分赴各企业后，不到一个星期的时间，仅有三成左右的人员在县内各企业实现就业，七成以上人员选择离开企业返回老家，或赴周边其他地区继续务工。

选择离开的务工人员中，大多数是"80后""90后"新生代农民工，某企业负责人说："在这里做一开始只有每月2000元左右，他们嫌工资低，想要更高的工资。其实，我们是五星级酒店，月收入起步低，但只要好好干，还是很有前途的。""我很理解他们的选择。"

"90后"小伙小张告诉我们,"为什么频繁换工作?还是想趁年轻多见见世面。家里人也经常说我,老是换来换去,但我有时想尝试一下新工作,有时对企业的某些做法看不惯,不愿意太委屈自己,就换工作了。"我们见到小张时,他在某县一家服装厂打工,这已经是他的第7份工作了。他16岁就出来打工了,在服装厂当过车工,在酒店干过跑菜员,在电子厂里上过流水线,也干过美容美发,还当过快递小哥和保安等。

"我亦无他,惟手熟尔",工匠的锤炼往往源于对职业的长期坚守。新生代农民工凭借自身喜好选择职业,是他们的自由和权利,无可厚非,也是他们这一代人的特征使然。但是,新生代农民工就业"短工化"暴露出了许多弊端,导致他们中不少人难以找到一个终身职业,也很难成为某个领域的专家或行家,收入水平更难大幅提高。

(二)缺乏培训机会和职业技能

拥有实用职业技能是提高劳动收入的有效办法,但面向新生代农民工的职业技能培训机制还不健全,针对新生代农民工的职业技能培训供需不匹配,新生代农民工职业技能普遍不高。上述农民工抽样调查数据显示,60.8%的新生代农民工没有任何职业技能等级,初级技工仅占16.8%。

然而,新生代农民工的职业技能培训需求较大,近92%的新生代农民工表示愿意参加职业技能培训,更有12%的新生代农民工曾自费参加过职业技能培训。但是,目前仍有30%的群体没有参加过任何职业技能培训,他们对电子商务、智能制造、人工智能、大数据等领域的培训有强烈的需求,但实际接受职业技能培训的机会比较有限。

在大城市打工的"90后"小张,长期在不同流水线上从事简单、重复的工作。如今,他想换个技术含量高的工种,如机械维修、质量

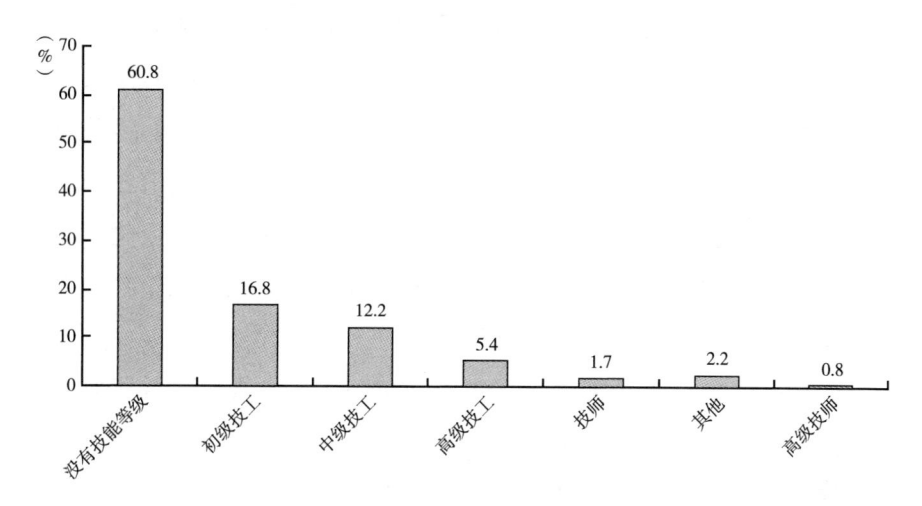

图 5-3 新生代农民工职业技能等级调查

数据来源：国家发展改革委和中华全国总工会2020年对全国23232名农民工的抽样调查。

检测等。他主动参加过几次政府组织的职业培训，但培训内容大多过于理论化，即便拿到了技能证书，但依然进不了工厂，干不了实际的活。"95后"小李，有着与小张同样的困惑，小李想在一家大企业换个好点的工作，但需要有一定的职业技能，在哪里能得到培训、怎么样才能拥有职业技能等，这些问题把小李难住了。

（三）务工收入在"三个空间耗散"

目前，我国多数新生代农民工依然处于流动状态，在城市落户不仅存在制度性门槛，即便落户下来，想要真正融入城市也不是件容易的事。对新生代农民工而言，由于难以均等享受城市基本公共服务，其职业发展和消费行为都受到一定抑制，在居住消费方面尤为典型。围绕房子问题，新生代农民工及其家庭收入在"三个空间耗散"，即在农村、县城和务工就业地都有消费支出，却依然没有从根本上解决居住问题。

其一，在农村建房。出于结婚成家的需要，或者对未来养老前景不明朗留"后路"的考虑，又或炫耀性消费，等等，打工挣钱回家盖房子，依然是新生代农民工的重要目标。现在农村房子越盖越漂亮，成本也越来越高，建好后大多只是老人和小孩居住，有些可能常年无人居住成了"空心房"。新生代农民工主要在城市就业生活，也很少回乡居住，从这方面说，农村建房对改善新生代农民工居住条件的作用并不太大，花费却不少。

其二，在老家县城买房。由于大城市购房成本高昂，为了结婚或子女教育，近年来新生代农民工在县城买房的不在少数。"80后"小黄在北京打工十多年，2021年在老家县城买下了一套房子。小黄说："房子不买是不行了，村里面已经没有学校了，其他家的孩子都在县城上学，孩子要想在县城上学就得要有房子。"据小黄介绍，买房不仅花掉了他们一家多年的积蓄，而且还欠下了亲戚朋友十多万元的债务。尽管新生代农民工在县城买了房，但由于中西部县城产业支撑能力、公共服务配套等普遍不足，他们仍会选择外出打工，县城的房子对改善居住条件的作用也不明显。

其三，在就业的城市租房。与老一代农民工挤工棚、凑合着住的居住方式不同，新生代农民工更加追求生活品质，对就业城市的住房要求相对较高。据调查，当前各大城市房价高企，已超出了多数新生代农民工购房能力承受范围，在城市租住私房成为多数新生代农民工的选择，选择居住在就业场所的新生代农民工占比不到10%。国家发展改革委和中华全国总工会的问卷调查结果显示，当前新生代农民工每人每月房租普遍高于1500元，约占月均收入的34%。

就此来看，对新生代农民工而言，他们中不少人既要支付在就业城市的租房成本，还要偿还老家农村建房、县城购房欠下的债务，有限的收入在多地耗散，加重了新生代农民工的生活负担。上述农民工抽样调查显示，57%的新生代农民工每月支出超过了收入的60%，更有三成人群每月支出超过收入的80%。收入在住房上的多个空间耗散，严重挤占了他们可用于人力资本提升与生活质量改善的支出，进而影响到他们的职业发展。

表5-6 新生代农民工每月支出占收入比重调查

单位：人，%

支出占收入比重	人数	占比
20%以内	2515	7.20
20%~40%	1248	14.50
40%~60%	3659	21.10
60%~80%	4053	23.37
80%~100%	3532	20.36
100%及以上	2338	13.48

数据来源：国家发展改革委和中华全国总工会的抽样调查。

（四）城市"边缘人""没有前途"等悲观情绪

相比而言，老一代农民工普遍存在"自我剥夺"和"过客心理"，对落户城市、融入城市的诉求不如新生代农民工迫切。相反，新生代农民工不少出了校门就进了厂门，大多没有从事农业生产的技能，不少甚至从未干过农活，他们追求更加体面的劳动和个人幸福，有着更加强烈的融入城市的愿望，对社会歧视带来的剥夺感的忍耐度下降，城市塑造了他们的价值观和生活方式，但融入城市却往往并不容易。

客观而言，随着我国户籍制度改革的不断深入推进，越来越多的城市已经大幅放宽落户限制，甚至直接取消落户条件，实现"零门槛"落户。对农业转移人口而言，在城市"落不下"的问题已经缓解，但"难融入"的问题依然比较突出，对新生代农民工尤是如此。

上述农民工抽样调查结果显示，54%的新生代农民工认为自己不是所在城市的市民，47%的新生代农民工不愿意参加社区活动或认为参不参加社区活动无所谓，约30%的新生代农民工认为自己的工作未来完全或基本没有发展空间。这种"融不进"的挫折感以及悲观情绪，压抑了新生代农民工寻求发展的积极性和主动性，不利于其成长。

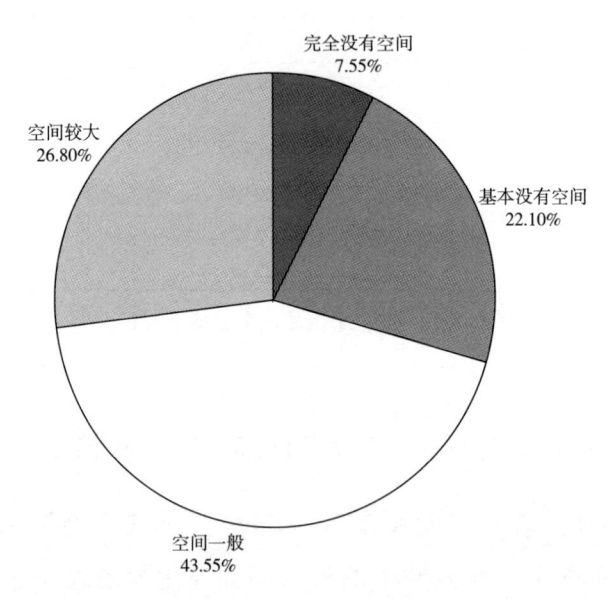

图5-4 新生代农民工工作发展空间认知调查

数据来源：国家发展改革委和中华全国总工会的抽样调查。

完全没有空间 7.55%
基本没有空间 22.10%
空间一般 43.55%
空间较大 26.80%

四 向中等收入群体跃升之路

（一）职业技能培训

职业技能培训是提升劳动者就业创业能力、提高就业质量的根本举措。为了适应产业转型升级和劳动者就业创业需要，可以推行终身职业技能培训制度，这不仅有利于提高就业者收入，对提高全要素生产率也有重要意义。应围绕产业高质量发展、劳动者高品质就业需要，以全面提升技能素质为主要方向，开展大规模、多层次、高质量、有保障的新生代农民工终身职业技能培训。

为此，需要着力扩大职业技能培训供给。当前，各地培训机构发展不均衡，制约了培训规模和效果。应通过政府示范激励，带动社会培训资源参与，逐步推进职业技能培训市场化、社会化，推动落实劳动者自主选择、按标准领取补贴的政府购买服务方式。

提升岗位技能，是增加新生代农民工收入的有效手段。加强技能培训，重点要做好岗位技能培训。针对当前岗位技能培训供给不足、供需不匹配等问题，可以采取融资担保、减税降费、项目扶持等方式，加大力度支持企业开展新生代农民工技能培训，重点对新生代农民工进行企业新型学徒制培训、岗位技能提升培训、高技能人才培训等，提高就业稳定性。

同时，还应创新培训方式，改变传统单一的集中授课、填鸭式教学等模式，逐步推广企校合作、工学一体化、"互联网+职业培训"、职业培训包、多媒体资源培训等灵活多样的培训方式，扶持和发展一批特色培训品牌。

此外，健全市场化社会化培训机制是长久之策。应依托政府投资建设的高技能人才培训基地、实训基地和创业孵化基地等，发挥新生代农民工职业技能培训示范作用，带动其他培训资源参与，加快推动政府补贴的职业技能培训项目全部向具备资质的职业院校和培训机构开放，推行"培训券"补贴制度，支持劳动者凭券自主选择职业培训机构和培训项目。同时，促进培训就业一体化，支持职业培训机构与行业协会、大中型企业、劳务输出机构等建立联合体，开展培训就业一站式服务。

（二）提升市民化质量

新生代农民工大多渴望在城市"扎根"，他们的思维方式和生活习惯在一定程度上已经城市化。推动新生代农民工发展为中等收入群体，对其中有意愿有能力落户的，要畅通落户渠道，尽快让他们落户城镇。对暂时未落户的新生代农民工，要加快推动城镇基本公共服务高质量覆盖，使他们平等享受城镇基本公共服务和各项福利。

关于农业转移人口落户，显性的制度门槛持续下降。比如，按照相关规定，城区常住人口300万人以下城市要全面取消落户限制政策。但从实践看，进城落户渠道并没有完全畅通，甚至东部地区的部分乡镇仍在实行积分落户政策。其难点在于，农业转移人口市民化的分担机制还不健全。

按照农业转移人口市民化成本分类，除个人和企业承担部分外，政府要承担义务教育、劳动就业、基本养老、基本医疗卫生、保障性住房以及市政设施等方面的公共成本。对外来人口较多的城市地方政府而言，出于增加地方财政负担的考虑，其吸纳农业转移人口落户的积极性往往并不高。

为了调动地方政府的积极性，目前已经出台"人地钱挂钩"等相关配套政策，即财政资金投入、城镇新增建设用地规模与农业转移人口市民化挂钩，财政奖励资金、中央预算内投资安排向吸纳农业转移人口落户多的城市倾斜。客观地看，这些政策发挥了积极作用，但激励力度还有待进一步提高。特别是，在一些重大改革上还要加快探索，比如，结合农业转移人口市民化，加快探索完善建设用地指标跨区域交易机制，真正实现"地随人走"。

对暂时未落户的新生代农民工，要逐步增加居住证附加的公共服务和便利项目，缩小其与本地户籍人口享受的待遇差距，解决其现实生活难题，增强其归属感和获得感。对新生代农民工而言，随迁子女教育、住房、社保等都是其最关心、最现实的利益问题，为此，保障农民工随迁子女平等地接受义务教育，增加满足进城农民工刚性需求的住房供给，推动新生代农民工社会保险参保扩面，都是极为重要的任务。同时，要推进"落脚城市"向"安居城市"转变，还需要健全新生代农民工参与社会治理机制。

目前，一些地区在一定程度上还存在对外来人口"经济上接纳，社会上排斥"的现象，本地户籍人口对农民工等外来人口存在认识上的偏见和行为上的歧视，很多外来人口的人际交往范围仍是老乡、亲戚等，处于自我隔离的分散化状态，归属感和主人翁意识不强，难以真正融入当地社会。对此，要引导工会、共青团、妇联及自愿服务组织等关爱农民工，引导社区文体活动设施和各种文体组织更多地向新生代农民工开放。同时，完善社区民主选举制度，合理确定社区居民会议或居民代表会议农民工代表比例，切实保障农民工参与社区自治的权利。探索打造"线上+线下"相结合的平台，通过设立网上市民议事厅和线下党群服务中心，拓宽农民工表达诉求和参与社区治理的渠道。

（三）发挥县城重要载体作用

对新生代农民工而言，其未来定居的地点必然会出现分化，尽管定居大中城市是普遍追求，但县城可能是现实选择。这既与我国大中城市的承载能力不足且安居成本过高有关，也与未来县域在整个城镇体系中会扮演越来越重要的角色有关。推动新生代农民工发展为中等收入群体，作为城乡融合发展中关键纽带的县城需要发挥更大作用。

到2021年底，我国县城及县级市城区人口占全国城镇常住人口的比重近30%，5亿农村人口中的大部分人口居住在县域内的乡村地区。县城作为"城尾乡头"，上接中心城市和城市群，下连乡村振兴主阵地，是县域的政治中心、经济中心、商贸中心和文化中心，也是新生代农民工进城就业安家、城乡要素跨界配置和产业协同发展的天然载体。

然而，相对于城市发展，县城发展普遍比较落后，县域经济发展和基础设施建设还存在不少短板弱项，突出表现为缺乏支柱产业、基础设施不完善、公共服务供给不足、县城治理能力仍然薄弱等，不少县城还难以承载更多的人口和产业。整体发展水平低、综合承载能力弱，就很难形成城镇化应有的集聚效应和规模效益，也就很难吸引新生代农民工就业定居。

未来，为适应和满足新生代农民工日益增长的到县城就业安家的需求，必须加快推进县城建设和发展。但是，县城发展必然兴衰交替、沉浮分化，不可能所有的县城都能做大做强。因此，要科学把握功能定位，分类引导县城发展方向，重点培育建设一批具有良好区位优势和产业基础、资源环境承载能力较强、集聚人口经济条件较好的县城。

增强县城综合承载能力和对人口的吸引力，需要推进县城产业配套设施提质增效、市政公用设施提档升级、公共服务设施提标扩面、环境基础设施提级扩能，其中，关键依然是培育壮大县域经济。县域经济发展不起来，"雁归"的农民就没有"栖息地"，家门口就业也只能是"镜中花水中月"。然而，县域经济发展壮大面临的挑战也不容忽视，包括大中城市"虹吸"导致的资源要素外流、"招商竞争"中的弱势地位等。如果一味地和大中城市拼资源、搞同质化的产业，县域经济就很难发展起来。

县域经济发展，必须发挥自身的比较优势，寻求产业的不可替代性和根植性，培育壮大特色产业，我们可以称这类产业为本地化产业。通俗来说，就是利用本地资源和服务本地化发展需求的一些产业。比如，可以依托县域丰富的农业资源、文旅资源、交通等优势，因地制宜发展农产品加工、商贸流通、文化旅游等产业；再者，可以发挥联结城乡的独特作用，发展面向农业产业链的农资供应、技术集成、仓储物流、农产品营销等农业生产性服务业，还有服务县域城乡居民的现代服务业，等等。

（四）农村产权制度改革要跟进

新生代农民工的流动和发展，牵涉城乡两端。推进新生代农民工发展为中等收入群体，需要从城镇和乡村两头想办法。

所谓从城镇想办法，就是要千方百计降低城镇落户门槛、定居成本，使新生代农民工享有更好的社会保障，获得更加稳定、可预期的收入。从乡村想办法，一方面，要积极创造更好的就业创业机会，让有意愿、有能力返乡的新生代农民工，通过创新创业实现增收致富。另一方面，针对更多的新生代农民工，要将农村的资产权益通过有效途径转化为进城安居的资本。

近年来，我国农村集体产权制度改革不断深化，特别是农村土地制度的改革试点持续向纵深推进，对提高农村要素配置效率、促进农民财产性收入增长发挥了积极作用。然而，要实现城乡资源要素的自由流动和平等交换，改革探索还有很大空间。从城乡融合发展角度看，人口的流动和资源要素的流转并没有很好地同步起来。

要推动新生代农民工更好地定居城镇，需要加快推进"权随人转"。做好农村资产权益有效退出的"减法"，畅通有意愿、有能力的进城农民工处置农村资产权益的渠道，做好落户城市的"加法"，使其"带资进城、安心落户"。在健全农村社会保障体系的基础上，加快推进土地承包经营权永久性退出、宅基地有偿退出等探索试点，只要不改变土地用途、不损害农民利益、不破坏社会稳定，农村资产权益退出的步子就可以大一点、形式就可以多一点。

要推动农村资产权益流转，当前不仅要健全农村产权流转交易平台，更需要注重农村资产权益增值收益的合理分配，建立兼顾国家、集体、农民利益的增值收益分配机制，让进城落户农民通过退出农村权益获得合理回报、融城能力提高。

第六章 "提低"：农村低收入群体富裕之路

　　正同"全面建成小康社会，一个也不能少"一样，"共同富裕路上，一个也不能掉队"。共同富裕是全体人民的共同富裕。在新中国成立初期，毛泽东同志提出我国发展富强的目标，强调"这个富，是共同的富，这个强，是共同的强，大家都有份"。实现共同富裕，最艰巨任务在农村，最大的难点是"提低"，确保农村低收入群体"不掉队"。如果农村低收入群体不能成为富裕群体，实现全体人民共同富裕就无从谈起。然而，农村广大低收入群体，特别是刚刚摆脱贫困的农民，财富积累最少、发展能力最弱，迈向共同富裕绝非一日之功，也必将是共同富裕行动中最难啃的骨头。

　　路虽远，行则必至；事虽难，做则必成。办成脱贫攻坚这样的大事难事，我们积累了许多宝贵经验。面对庞大的农村低收入人群，推进实现共同富裕的任务尽管艰巨复杂，但只要一件事情接着一件事情办、一年接着一年干，就一定能够完成。

一　谁是低收入者？

　　低收入群体在哪里？或者说，谁可以被认定为低收入群体，这直接关乎"提低"的作用对象和效果认定。结合脱贫攻坚的经验，给予低收入群体倾斜性的支持和帮助，如果不能准确识别出这部分群体，就容易引发帮扶资源低效配置和社会矛盾。

然而，与脱贫攻坚时期绝对贫困人口认定有明确的国家标准和省级标准不同，目前并没有统一的农村低收入人口认定标准，各地标准不一，为此，要明确标准，在此基础上才能弄清农村低收入群体规模。

（一）相对贫困线

何谓低收入者，很大程度上是一个相对概念。目前国际上对相对贫困较为流行的一种界定是解决了基本生存需要，但仍存在正常的社会生活保障不足的一种状态，这种不足更多的是基于群体比较所处的不利状态。尽管主要发达国家不以收入作为衡量相对贫困线的唯一标准，但收入却是最重要的维度，通常将社会平均收入或中位收入的一定比例作为相对贫困线的划定标准。

福克斯早在1967年就提出了相对贫困线，即为当前收入中位数的50%，这一标准后来被经济合作与发展组织（OECD）和欧盟所采用。世界银行的相对贫困标准为平均收入的1/3。在低收入群体认定标准中，不少国内学者都认同国际上广泛采用的相对贫困标准，即当年农村居民人均可支配收入中位数的40%为下一年度农村低收入标准的底线，以当年农村居民人均可支配收入中位数的50%为农村低收入标准的高线。

从2021年开始，我国进入相对贫困治理阶段，农村低收入人口是农村相对贫困治理的主要对象，农村低收入人口的识别标准可以采用国际常用的相对贫困取值标准。

如果采用相对贫困标准，并将农村低收入群体的认定标准视为农村居民人均可支配收入中位数的40%，且农村居民收入服从均匀分布，就意味着该标准与农村居民收入五等份分组中最低的20%标准一致。2021年，我国农村居民总人口为49835万人，按照五等份分组中最低的20%标准计算，当前我国农村低收入人口即1亿人左右。

（二）绝对收入低线

如果低收入者是一个相对概念，就意味着低收入者永远都存在，即便人民生活普遍富足，也会有低收入者。为了克服这一标准的弊端，可以参照脱贫攻坚中设定一个相对固定的收入水平线的做法，即提出低收入群体的绝对收入识别标准。一般是划定中等收入线，收入低于中等收入线的人群即为低收入群体。目前官方口径没有公布过中等收入线，这方面可以参考世界银行提出的中等收入者标准，即成年人每天收入低于10~100美元，换算成年收入则为低于3650~36500美元的群体。

如果以2020年购买力平价折算人民币汇率1∶4.2计算，我国低收入群体为年收入低于15330元的人群。2020年，我国农村居民人均可支配收入中位数为15204元，2021年农村居民人均可支配收入中位数为16902元。按照成年人每天收入低于10美元计算，当前我国农村低收入群体人口约占农村总人口的一半，即2.5亿人左右。

（三）按群体类型划定

低收入者类型多样，统计不同类型的低收入者也能够计算出低收入群体总量。部分经济发达地区早在2020年之前就开始制定低收入人口认定标准，总的来看，各地根据《中共中央 国务院关于实现巩固拓展脱贫攻坚成果同乡村振兴有效衔接的意见》文件精神，明确了农村低收入群体的主要类型，基本上包含易返贫致贫人口、低保对象，如浙江、四川、重庆和贵州黔南州还将低保边缘对象

(一般为收入超出当地最低生活保障标准但低于最低生活保障标准1.5倍的家庭)也纳入农村低收入人口认定范围(见表6-1)。

如果将农村低收入人口的认定标准确定为年人均收入低于最低生活保障标准的1.5倍,则相当于年人均收入9543.3元。如果参照2020年中间偏下收入组家庭农村居民人均可支配收入10392元来测算,全国农村低收入人口大致不超过2亿人。

表6-1 全国及各地农村低收入人口认定类型

地区	农村低收入人口认定类型	依据
全国	农村低保对象、农村特困人员、农村易返贫致贫人口,以及因病因灾因意外事故等刚性支出较大或收入大幅缩减导致基本生活出现严重困难人口	2020年印发《中共中央 国务院关于实现巩固拓展脱贫攻坚成果同乡村振兴有效衔接的意见》
浙江省	"4600"低收入农户巩固扶持对象(无巩固帮扶措施年人均收入极易滑入4600元以下的农户)、最低生活保障对象、最低生活保障边缘对象(人均月收入超出当地最低生活保障标准但低于最低生活保障标准1.5倍的家庭)	2017年浙江省农业和农村工作办公室(扶贫办)、民政厅联合印发《浙江省低收入农户认定标准、认定机制及动态管理办法》
广东省	稳定实现"两不愁、三保障",有劳动力的相对贫困户为年人均可支配收入达到当年全省农村居民人均可支配收入的45%,符合条件的无劳动力贫困户全部纳入政策性保障兜底范畴	2019年广东省扶贫办印发《广东省相对贫困人口相对贫困村退出机制实施方案》
重庆市	农村易返贫致贫户(包括脱贫不稳定户、边缘户)、低保户、农村分散供养特困人员、因病因灾因意外事故等刚性支出较大或收入大幅缩减导致基本生活出现严重困难家庭、农村低保边缘家庭和其他脱贫户	2021年重庆市住房和城乡建设委员会、财政局、民政局、乡村振兴局印发《关于做好农村低收入群体等重点对象住房安全保障工作的通知》

续表

地区	农村低收入人口认定类型	依据
四川省	农村低保对象、特困人员、低保边缘家庭（不符合低保、特困条件，但家庭人均收入低于当地低保的1.5倍，有条件的地方可以放宽到2倍，且家庭财产状况符合当地相关规定的家庭）成员、脱贫不稳定户、边缘易致贫户、因病因灾因意外事故等刚性支出较大或收入大幅缩减导致基本生活出现严重困难人口以及其他低收入人口	2021年四川省民政厅、财政厅、乡村振兴局印发《巩固拓展脱贫攻坚成果 做好社会救助兜底保障工作的实施方案》
贵州省黔南州	家庭人均收入低于当地低保标准1.5倍的困难对象，包括城乡低保对象、特困供养人员、低保边缘人口、脱贫不稳定人员、边缘易致贫人员、突发严重困难人员和其他低收入人口	2021年黔南州委、州政府印发《黔南州低收入人口动态监测和常态化救助帮扶工作方案》

资料来源：根据各地公开信息整理。

不同划分标准估算出的农村低收入群体规模不等，各方也没有形成统一意见，但总体来看，我国农村低收入群体约2亿人。可以肯定的是，如此庞大规模的农村低收入人口，是我们推动实现共同富裕进程中需要重点帮扶的群体。

二 收入始终是核心

千方百计提高收入，始终是实现农民农村共同富裕的关键。要让农村低收入群体实现共同富裕，其收入增速必然要快于全社会平均水平，只有这样才能不断缩小与整个社会群体的收入差距。客观地看，当前我国农村低收入群体增收面临较大挑战。让农村低收入群体增收更稳定、更可持续，需要开辟更多增收渠道、创造更多发展机会。

（一）抱团合作增收

对不少低收入农民而言，务农收入始终是不可忽视的重要收入来源，甚至是唯一收入来源。然而，近年来我国农业生产成本上升和农产品价格波动，对低收入农户家庭经营净收入增长带来较大影响。

自 2016 年以来，我国三种粮食作物（稻谷、小麦、玉米）净利润接近为 0，不少年份甚至为负。即便不考虑自营地地租成本，亩均种粮收益也不足 250 元（见表 6-2）。2021 年，化肥、饲料等农资价格大幅上涨，进一步推高了农业生产成本。那些以农业生产经营为主要收入来源的低收入农民，仅仅依靠自身力量，既无法通过有效采用新技术来缓解生产成本上升压力，也很难通过拓宽销售渠道和品牌建设来实现农产品溢价增值。

表 6-2　2008~2020 年我国三种粮食（稻谷、小麦、玉米）平均收益情况

单位：元，%

年份	每亩 总成本 小计	每亩 总成本 物质与服务费用	每亩 总成本 人工成本	每亩 总成本 土地成本	净利润	成本利润率	每 50 公斤主产品 平均售价	每 50 公斤主产品 总成本	每 50 公斤主产品 净利润
2008	562.42	287.78	175.02	99.62	186.39	33.14	83.54	62.75	20.79
2009	600.41	297.40	188.39	114.62	192.35	32.04	91.32	69.16	22.16
2010	672.67	312.49	226.90	133.28	227.17	33.77	103.78	77.58	26.20
2011	791.16	358.36	283.05	149.75	250.76	31.70	115.42	87.64	27.78
2012	936.42	398.28	371.95	166.19	168.40	17.98	119.86	101.59	18.27
2013	1026.19	415.12	429.71	181.36	72.94	7.11	121.13	113.09	8.04
2014	1068.57	417.88	446.75	203.94	124.78	11.68	124.38	111.37	13.01
2015	1090.04	425.07	447.21	217.76	19.55	1.79	116.28	114.23	2.05
2016	1093.62	429.57	441.78	222.27	-80.28	-7.34	108.39	116.98	-8.59
2017	1081.59	437.18	428.83	215.58	-12.53	-1.16	111.58	112.89	-1.31
2018	1093.77	449.55	419.35	224.87	-85.59	-7.83	109.66	118.97	-9.31
2019	1108.89	462.24	413.40	233.25	-30.53	-2.75	109.44	112.54	-3.10
2020	1119.59	468.01	412.76	238.82	47.14	4.21	122.48	117.53	4.95

数据来源：历年《全国农产品成本收益资料汇编》。

针对农村低收入农户自身发展能力薄弱的现状，要破解经营净收入增长难的问题，需要改变"单打独斗"的传统模式，采取有效措施让小农户与现代农业有机衔接。一些地方对此进行了积极探索，如浙江省桐乡市的抱团发展模式就为我们提供了很好的示范。

桐乡市是目前全国城乡收入差距最小的地区之一。2021年，全市农村居民人均可支配收入达到43709元，是浙江省平均水平的1.24倍，是全国平均水平的2.31倍。全市城乡居民收入倍差为1.56，较全国城乡居民收入倍差2.50低0.94个点，较浙江省城乡居民收入倍差1.96低0.4个点。桐乡市提高低收入农户家庭经营净收入的抱团发展模式具有一定的借鉴价值。

桐乡市抱团发展的具体做法是引导技术领先、理念先进的新型农业经营主体与低收入农户进行抱团合作，成立涉农产业发展公司或合作社，鼓励以低收入农户众筹出资、新型农业经营主体全程代管的方式，组成"新型农业经营主体+低收入农户"帮扶共同体，打通农业产业全链条，实现资源的有效整合利用，从而让低收入农户有效融入现代农业，推动低收入农户家庭经营净收入持续快速增长。

专栏6-1　浙江省桐乡市"产业组合抱团"和帮扶共同体模式

产业组合抱团模式的主要做法是依托"田保姆""代管家"等为农服务品牌，引导技术领先、理念先进的新型农业经营主体与生产面积小、地域分散的低收入农户抱团合作，成立涉农产业发展公司，实行统一标准、统一品牌、统一生产加工、统一购销等，推动一二三产业融合发展，用产业链增值收益反哺低收入农户。目前，桐乡市已在水稻、蚕桑、茭白3个产业领域开展了改革实践。其中，石门镇实施的"大米抱团"项目，由石门湾粮油农机发展有限公司提供水稻浸种、催芽、播种等订单式服务，覆盖全镇9个村1.3万亩农田，辐射带动农户8000余户（含低收入农户170户），带动农民增收150万元以上。2021年，位于桐乡市石门镇春丽桥村的数字化粮油工厂项目正式投产运营，进一步提升了全镇的粮食烘干、储粮、加工、包装一体化服务水平。

低收入农户帮扶共同体模式的主要做法是充分发挥龙头企业、农民专业合作社等新型农业经营主体在场地设备、资金技术、销售渠道等方面的优势，以低收入农户众筹出资、新型农业经营主体全程代管的方式，组成"新型农业经营主体+低收入农户"帮扶共同体。2020年，桐乡市洲泉镇金家浜村等3个行政村、43户在册低收入农户统一出资认购猪苗，委托华腾牧业公司进行"飞地"饲养，并利用华腾品牌效应解决销售问题，在扣除必要养殖成本后所有收益归低收入农户，为每户低收入农户增收3000元以上。

资料来源：桐乡市农业农村局。

（二）就业创业致富

工资性收入是当前农民收入的主要来源之一，也是支撑农村低收入群体收入增长的最大源泉。当前，我国经济发展面临需求收缩、供给冲击、预期转弱三重压力，在新冠肺炎疫情影响下，企业延迟复工、长期停工，农民外出务工有效就业时间减少，对工资性收入造成较大影响。据《2021年农民工监测调查报告》，2021年我国农民工总量恢复到了2019年的水平，但是外出农民工数量仍低于2017年的水平（见图6-1）。

为了扭转低收入农民群体在就业市场中的不利局面，稳步提高其工资性收入，需要着力提高和增加其就业技能和创业机会，创造更多适配性就业岗位。重庆市九龙坡区"家门口"就业创业模式具有一定的借鉴意义。

重庆市九龙坡区地处重庆主城区西部，是全市首个统筹城乡综合

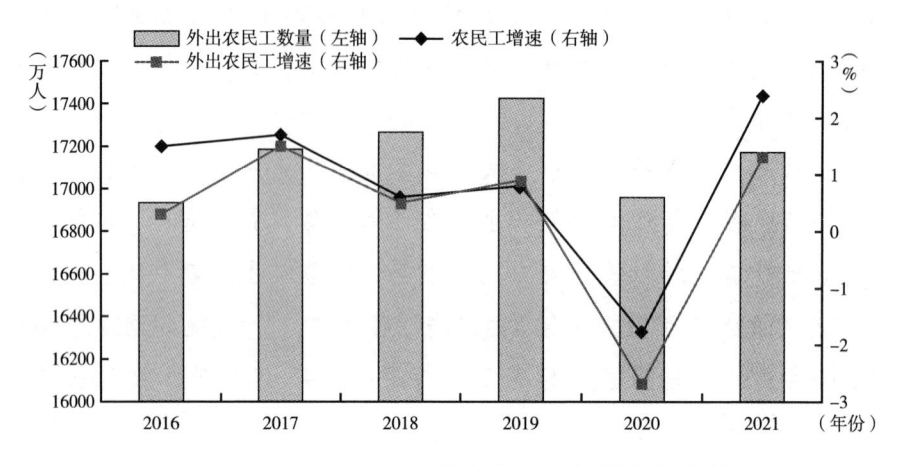

图6-1 2016~2021年外出农民工数量变化趋势

数据来源：国家统计局。

配套改革示范区，在城乡就业创业服务均等化方面走在前列。2020年，全区城镇新增就业40221人，完成全年目标任务的130%，其中，首创的"家门口"就业创业模式，累计带动就业4.12万人。

重庆九龙坡区"家门口"就业创业模式的具体做法是由区人力社保局联合区总工会、欧达人力资源公司共同开发"推才宝"App，为辖区企业搭建人力资源共享平台，并建立底数更清楚、信息更畅通、匹配更精准、服务更到位的"就业服务超市"。

"就业服务超市"能够动态掌握辖区内失业人员的就业意愿、技能水平和企业用工需求等信息，提供失业登记、技能培训、就业推荐、补贴申报、担保贷款、政策咨询、维权保障等全链条服务，精准帮扶求职人员。九龙坡区还打破传统就业创业方式，建立了"创业苗圃+创业大市场+创业培训+创业指导"一站式创业载体，极大地丰富和拓展了创业及就业渠道。其中，"创业苗圃"的摊位零租金提供给有创业意愿但欠缺经验、资金、项目的居民，通过规范化管理并辅以创业政策扶持，解决了城乡低收入群体白手起家创业难的问题。

（三）转移支付托底

对不少农村低收入农户而言，仅依靠自身努力并不能获得体面的生活，需要社会关爱和帮扶，更需要政府的转移性收入支持。然而，随着近年来我国经济增速趋于下降，财政收支压力逐步加大，针对低收入农户转移性收入的增长后劲不足。

发挥转移性收入的托底保障作用，既要开辟财政支农的资金渠道，建立转移性收入增长的长效机制，也要从减少支出角度，有效降低农村低收入家庭支付负担。江苏省南通市海门区把为民办实事、兜底线作为促进农民增收的重点，探索形成的制度性转移支付保障机制具有一定的参考价值。

"十三五"期间，江苏省南通市海门区建档立卡低收入农户数8073户13529人，2021年开展了低收入人口认定工作，2022年1月1日转入常态化动态管理，在总结脱贫攻坚经验的基础上，逐渐形成了一套行之有效的促增收和减支出"双向发力"的农村低收入人口增收长效机制。

海门区在促进低收入农户转移性增收方面的具体做法是，根据低收入农户劳动能力分类投入开放式帮扶资金，并对无劳动能力的低收入人口通过光伏扶贫、农业项目全托管等方式进行开发式帮扶，对有劳动能力的低收入人口开展人口育婴员、养老护理、中式面点师等免费实用技能培训和提供政府公益性岗位。同时，充分发挥低保政策的兜底作用，将符合低保条件的低收入农户家庭全部纳入政策保障范畴，实现城乡低保标准一体化。城乡低保标准于每年7月1日实行自然增长，2021年低保标准提高至750元/月。

在减少低收入农户支出方面，海门市低收入人口除享受医疗救助外，还享受二次阶梯式救助。比如，对低保户中因残疾、重病增加的必要医疗费、护理费、康复训练费等刚性支出，以及家庭必要的就业成本,在核算其家庭收入时,予以适当扣减。同时,为低收入人口统一缴纳居民基本医疗保险、大病医疗保险、政策性农业保险、照护保险四种保险个人筹资部分,为所有低收入人口代缴和补缴居民社会养老保险、自然灾害家庭财产综合保险。

(四)家庭持股分红

农村低收入农户与其他群体的收入差距很难缩小,其中一个重要的原因是财产净收入增长缓慢。当前,除了少数改革先行县市和城市近郊的农村地区外,我国大多数农村地区的土地、房产等资产价值尚未被激活。2020年,全国经营收益低于5万元的村集体占比达45.6%,农民大量资产由于用益物权受限、农村产权交易市场不活等原因,无法有效变现。并且,针对农村的理财产品品种较少,有限的存量财富无法获取更高的收益回报,导致农民人均财产净收入占可支配收入的比重一直不高。

改变农村低收入家庭财产基数低、财富增收机会少的现状,可以从要素改革要财富。通过深化农村集体产权制度改革,完善农村资产要素参与分配机制,提高农村资产要素回报率,并通过发展壮大新型农村集体经济,推动实现"资源变资产、资金变股金、农民变股东",让低收入群体也能获得集体股权分红。贵州省石阡县任家寨村探索形成的集体经济发展"六共机制",是值得推广的模式。

贵州省石阡县大沙坝乡任家寨村原本是典型的贫困村,辖8个村民小组286户1102人,2014年全村有建档立卡贫困户74户283人。直到2016年村级集体经济资产还近乎零,但2019年就增至2280万元,并实现了全村贫困户清零,2020年村级集体经济资产进一步增至2508万元。2019~2020年,任家寨村贫困户户均获得集体经济分红2024元,最高达到12765元。

任家寨村集体经济发展的"六共机制"的具体做法是:组织共

建，按照"村集体+合作社+农户"的方式，由村"两委"以集体资产、资源为依托，领办创建农民专业合作社；发展共商，通过召开贫困农户、合作社、村集体会议，广泛听取群众意见并多次考察后，结合本村资源优势，找准产业发展突破口；资源共用，由村"两委"协助合作社盘活村里散块的土地，让"沉睡"在地下的水资源得到开发利用；风险共担，村干部与合作社所有成员承担主要风险，最大限度让利于民；社会共治，用"经济杠杆"原理对村民实行计分制管理，探索建立产业联结到户、干群联系到户、义务联带到户"三联到户"和农村德治、法治、自治"三治合一"体系；成果共享，通过政府投入和村干部示范带动，组织引导低收入农户采取土地租金折价入股或现金入股，探索创建"2422"分红模式（20%全村分红，40%滚动发展资金，20%管理者报酬，20%贫困户二次分红）和"7%"（扶贫资金量化入股专业合作社和企业，以不低于7%的资金分红群众），确保低收入农户能共享集体经济发展红利。

三 债务风险须警惕

对于农村低收入群体而言，偿债能力更低、刚性支出占比更高，家庭债务风险相对较高且逐步显现，需充分重视，并确保低收入家庭在实现共同富裕的路上不受债务风险羁绊。

（一）低收入群体债务风险已不容忽视

近年来，我国农村低收入农户家庭债务快速上升，呈现出"两快一高"特征。我们利用中国家庭收入调查数据（CHIPS）测算，如果用偿债收入比来衡量家庭负债水平，农村收入最低25%家庭组的偿债收入比从2013年的79.6%上升至2018年的148.9%，平均每年上升13.9个百分点，不仅比农村中高收入家庭组快9.8个百分点，也比城镇居民家庭组快 9.3 个百分点。如果仅考虑金融资产和经营性资产，不少农村低收入家庭资不抵债。2018 年，不少农村收入最低 25%家庭组的资产负债率高达 345.8%。

低收入群体大多缺乏稳定的现金流，债务容易像滚雪球一样不断变大。近年来，农村低收入群体主要依靠国家政策性补贴和帮扶资金增收。2018 年，农村收入最低 25%家庭组的经营净收入和财产净收入在收入结构中占比分别仅为 12.2%和 1.8%，转移净收入占总收入的比重达到 29.6%，较 2013 年增加了 4 个百分点，比农村收入最高 25%家庭组高出 14.8 个百分点。农村低收入群体更加倚重外部帮扶支持，收入增速乏力。2013~2018 年，农村收入最低 25%家庭组的平均收入仅增长了 29.2%，在所有收入组中最低（见图 6-2）。

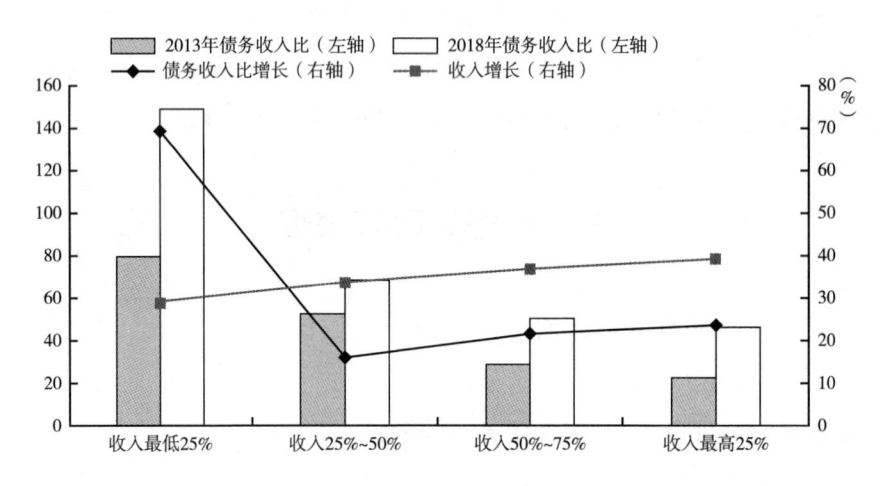

图 6-2　2013 年和 2018 年农村不同收入家庭组的偿债收入比和收入情况

数据来源：根据中国家庭收入调查（CHIPS）2013 年和 2018 年的数据计算而得。

农村低收入者当前的很多负债并不能换来未来收入的增加，债务非经营性特征明显，家庭再生产循环不畅。在结婚、子女教育等因素的共同推动下，不少农村低收入群体也被裹挟加入购房大军，农村收入最低25%家庭组的房贷参与率从2013年的6.9%上升至2018年的11.4%。但是，与偿债能力强的家庭相比，农村低收入群体购房的杠杆率更高，承受房价波动的能力更弱，在国内住房市场日趋分化的背景下，更容易出现家庭财务状况恶化。

同时，医疗、婚丧、赌博等非经营性债务严重占用低收入家庭的当期现金流，并且不会在将来新增现金流。2018年，农村收入最低25%家庭组，因病所欠债务、婚丧嫁娶债务以及其他家庭事件所欠债务负担高达36.4%。湖北省J市农村家庭娶亲需要购置100平方米以上的城市住房、价格不低于20万元的轿车和不低于8万元的彩礼，结婚支出合计高达100万元左右，而2020年J市农村居民人均可支配收入仅略高于1.8万元，导致一些农村家庭因结婚而债台高筑。此外，农村"贷款难、贷款贵"问题长期存在，不少农村家庭仍然以向亲戚朋友借钱的民间借贷为主，存在大规模隐性"关系类"债务，成为不少低收入农户难以承受之重。

（二）防范化解低收入群体债务风险

与其他群体相比，农村低收入群体的债务风险更加突出，可能影响到脱贫攻坚成果。为此，应将防范化解农村低收入群体债务问题作为巩固脱贫攻坚成果与乡村振兴有效衔接的重要任务，多管齐下减轻农村低收入群体债务负担。

防范债务风险，前提是弄清楚债务规模有多大，以及债务是如何产生的。为此，需要尽快建立健全农村低收入家庭债务动态监测体系，依托低收入人口动态监测信息库，加强农村低收入群体债务风险识别，做好农村低收入群体债务摸底调查和动态评估，支持有条件的地区依托农村信用体系建设成果，开展低收入家庭债务大数据监测预警，关注农村低收入家庭债务参与率、偿债收入比变化趋势及异常变动原因，有针对性地出台农村低收入群体债务风险防范与处置预案。

化解债务风险，根本出路是千方百计提高农村低收入群体偿债能力。除上述增加农村低收入群体收入的措施外，增强农村土地、生物资产等物权价值功能同样有效，[①] 包括完善农村土地承包权流转服务，推进农村集体经营性建设用地入市，盘活利用农村闲置宅基地和住房，提供生物资产抵押贷款服务，以此来降低农村低收入家庭资产负债率。

对于农村低收入群体而言，减少一些家庭刚性支出，也能在很大程度缓解其债务支出压力，这需要公共消费发挥一定的减负作用。应加大对低收入农户的旧房改造支持力度，给予倾斜性医疗费用报销、医保参保优惠及代缴补贴政策支持，提供低收入家庭子女学前教育资助、义务教育"两免一补"、高中和职业教育学费减免、高等教育困难补助和助学贷款等全程教育资助，有效减轻低收入家庭医疗和教育支出负担。

此外，良好的乡村消费风气能够引领农民理性消费。为此，要引导和鼓励村民委员会依据村规民约出台具体约束性措施，严禁赌博、吸毒、低俗演出等活动，明确操办婚丧的彩礼、随礼、殡期、宴席等上限标准以及其他具体礼俗，发挥村内红白理事会、老年人协会、村民议事会、道德评议会等群众组织的典型宣传、规劝引导、普惠服务等作用。把理性消费作为文明户、文明村镇评选的重要条件，建立奖惩机制，打造一批农村文明消费示范村。

---

① 根据中国家庭收入调查（CHIPS）2018年的数据，如果将畜牧价值计入家庭资产，农村收入最低25%家庭组的资产负债率将下降85.8个百分点。如果进一步将土地估值计入，农村收入最低25%家庭组的资产负债率将再下降211.9个百分点，在各收入组中降幅最大。

# 第七章　深化改革：
推进农村要素公平参与分配

实践表明，深化改革是决定广大农民命运的关键一招，也必将是促进农业农村共同富裕的主要动力所在。正所谓"唯改革者进，唯创新者强，唯改革创新者胜"。我国乡村正在经历一次整体结构性变迁和功能价值重塑过程，唯有用好改革手段，强化制度创新，才能真正激活主体、激活要素、激活市场，让乡村振兴具备内生动力、行稳致远。[1]

在我国农村的诸多改革议程中，要素市场化配置改革至关重要，具有牵一发而动全身的作用。农村要素配置改革作为一项战略性、全局性、基础性的举措，不仅关乎城乡融合和要素平等交换，更是提升农村要素配置效率、实现农民增收致富的关键手段。

当前，我国劳动力在城乡之间已经基本实现自由流动，但不少农业转移人口就像是一个谋生的过客，始终游离在城市边缘，并没有在城市安居下来；同时，他们在农村的土地承包权、宅基地使用权、集体收益分配权等农村"三权"市场化退出渠道尚不畅通，无法获得与城市土地、市民房屋同等的入市机会和合理价格。深入推进农村要素配置改革，有望开创农村要素公平参与分配、更好促进农民增收的新格局。

---

[1] 涂圣伟：《中国乡村振兴的制度创新之路》，社会科学文献出版社，2019年。

一　农村要素配置改革基本导向

从世界经济发展的一般规律看，一个经济体迈入中高收入阶段后，全要素生产率会逐渐成为经济增长的动力源泉，而要素市场化配置对提高全要素生产率具有关键作用。在我国社会主义市场经济体制的确立和发展过程中，市场发育存在要素滞后于商品、农村滞后于城市的现象，造成城乡要素出现结构性错配，带来全要素生产率损失，进而成为城乡差距难以从根本上缩小的关键原因之一。[1] 构建新型工农城乡关系，促进农民农村共同富裕，需要对传统资源要素配置方式、结构进行系统性调整。

（一）面向"三农"需求

工农城乡关系是我国经济社会发展中的重要关系。正确认识和处理好工农城乡关系，始终是贯穿我国革命和现代化建设的重要主线。在中国共产党历史上，曾有过三次工作重心的转移：第一次始于1927年秋收起义，党的工作重心转向农村，开辟了由农村包围城市、武装夺取政权的革命道路。第二次是在1949年七届二中全会后，工作重心由农村转移到城市。第三次是在1978年党的十一届三中全会后，工作重心由以阶级斗争为纲逐步转到经济建设上来。党的二十大报告指出，从现在起，中国共产党的中心任务就是团结带领全国各族人民全面建成社会主义现代化强国，实现第二个百年奋斗目标，以中国式现代化全面推进中华民族伟大复兴。每次党的工作重心转移，往往都带来城乡关系的深刻变化。

---

[1] 涂圣伟：《以畅通要素循环求解城乡发展平衡问题》，《学习时报》2022年4月27日。

第七章 深化改革：推进农村要素公平参与分配

我国城乡二元分离格局的形成和工农关系扭曲，正是始于以汲取农业剩余支持重工业优先发展的一系列制度安排，包括工农产品价格剪刀差、农产品统购统销制度、城乡二元户籍制度等。尽管这种制度安排使我国在较短时期就建立起比较完整的工业体系和国民经济体系，从而由一个落后的农业国初步转变为一个社会主义工业国。然而，由于农业发展受到诸多限制，客观上造成农村经济的落后与停滞。

1957~1978年，全国人口增长了3亿，耕地面积出于转为建设用地等原因不仅没有增加，反而减少了，单位面积产量和粮食总产量都增长了，但1978年全国平均每人占有的粮食大体上还只相当于1957年的水平，全国农业人口平均每人全年的收入只有70多元，有近1/4的生产队社员收入在50元以下，平均每个生产大队的集体积累不到1万元，有的地方甚至难以维持简单再生产。[①]

1978年12月，党的十一届三中全会作出改革开放的伟大决策。此次会议上，农业问题受到高度重视，国家由此开始扭转长时期以来对农业"取"的政策方针，加大对农业"予"的力度。随着家庭联产承包责任制的逐步确立，我国农业生产效率快速提升，大量劳动力从农业生产中分离出来，走出农村、进城谋生。1989年，我国农村外出务工劳动力由改革开放初期不到200万人迅速增加到3000万人。之前过度扭曲的工农关系得到一定程度上的矫正，但汲取农业农村要素支持工业发展的格局没有发生根本改变，城乡收入差距依然较大。

进入21世纪后，我国国民经济实力显著增强，但农业农村资源要素长期"净流出"，造成农业发展后劲不足、活力不足，亟须工业反哺带动。在此背景下，党的十六届四中全会提出了关于工农关系"两个趋向"的重要论断：在工业化初始阶段，农业支持工业、为工业提供积累带有普遍性的趋向；但在工业化达到相当程度后，工业反

---

① 《中共中央关于加快农业发展若干问题的决定》，1979。

哺农业、城市支持农村，实现工业与农业、城市与农村协调发展，也带有普遍性的趋向。"两个趋向"重要论断提出后，我国及时调整工农关系和城乡关系，工业化、城镇化和农业现代化都取得了长足进步，城乡之间的要素流动和交换明显增强。

党的十八大以来，与前一阶段以政策支持为主导的时期不同，农村一些重点领域的改革不断向纵深推进，有效激活了市场、要素和主体，促进了资源要素在城乡部门之间的有序流动，提高了农业生产效率和自我循环发展能力。

总体来看，城乡要素配置从城市偏向转向城乡统筹，使城乡要素不平等交换的情况大为改观，要素单向流出农村的局面正朝着城乡要素双向流动转变。客观来说，城乡要素平等交换的格局尚未形成，部分要素配置改革依然还存在一定的城市偏向，收益没有公平惠及农民农村。比如，尽管征地补偿费用逐年提高，但还是大大低于土地市场价格，土地征用和开发转让过程中大量的级差地租被转移到城市建设和工业发展领域。[①] 再如，部分地方政府推动的城乡建设用地增减挂钩、撤村并点等改革探索，本质上仍是为了解决城镇化进程中建设用地短缺问题。深化农村要素配置改革，要从以城市需求为出发点转向以农村发展需求为出发点，落实农业农村优先发展方针，通过建立城乡统一的就业市场、土地市场、金融市场等，让农民充分享受改革红利。

（二）面向富农增收

经济学中非常著名的"丰收悖论"，是指在丰收年份，农民增产但不增收。这一现象似乎很难被人们所理解，经济学家们则用需求价格弹性解释了这个现象。由于农作物大多缺乏需求弹性，丰收后供给

[①] 韩长赋：《城镇化不是去农村化 新"剪刀差"需警惕》，新华网，2013年12月22日。

量增加，即使价格下降，需求量与往年相比变化却不大，进而导致收成好时农民整体收益反而下降，或不如收成不好的时期。

"丰收悖论"反映的是市场作用下的增产和增收关系问题。实际上，在农村改革发展领域，农业增产和农民增收的目标兼容问题一直备受重视。增产与增收既有统一性，也有矛盾性，在不同时期、不同发展水平下，统一性和矛盾性的表现又有所不同。

比如，改革开放之初，家庭联产承包责任制的实施就极大地调动了农民的生产积极性，加上国家提高农副产品收购价格，在农业产出增长的同时，农民收入也随之增长。

1979年3月1日，根据中共十一届三中全会提出的建议，国务院决定提高粮、油、猪等18种主要农副产品的收购价格。其中，粮食统购价格从夏粮上市起提高20%，超购部分在这个基础上再加50%；18种农副产品的收购价格平均提高24.8%。1978～1984年，我国粮食产量从30476.5万吨增加到40730.5万吨，农村居民人均可支配收入由134元增加到355元，这一时期，农村居民人均可支配收入增速超过城镇居民。

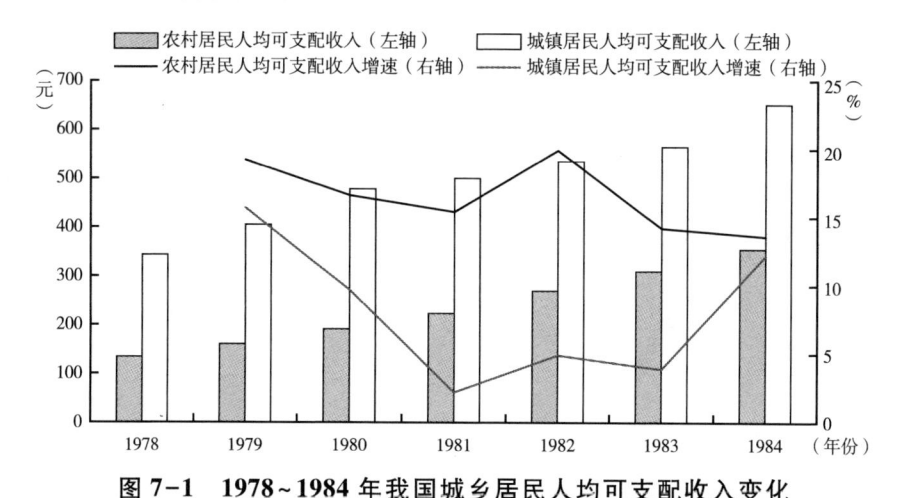

图7-1 1978～1984年我国城乡居民人均可支配收入变化

数据来源：国家统计局网站。

第二个农村居民人均可支配收入增速连续多年快于城镇居民的时期是2010年以来。同时，粮食总产量2015年以来连续7年稳定在1.3万亿斤以上，实现了粮食等主要农产品增产与农民增收的一致性。但是，这一时期家庭经营净收入增速在四项收入中是最慢的，经营净收入占农村居民人均可支配收入的比重从47.5%下降至35.5%。

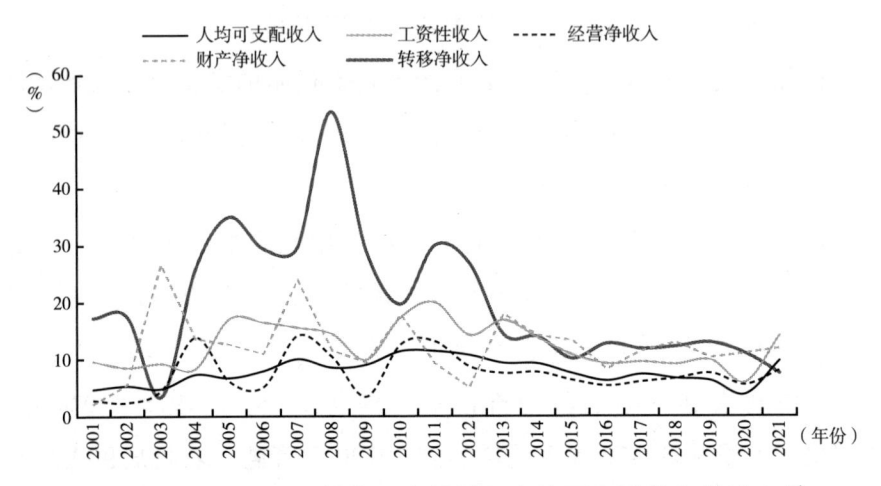

图7-2　2001~2021年我国农村居民人均可支配收入增速变化

数据来源：国家统计局网站。

过去多年来，一系列强农惠农政策的出台，主要取向是增加主要农产品产量，以提高农产品总量供给能力，解决好老百姓吃饱饭的问题。由于农产品长期处于供不足需或供需紧平衡状态，同时，农产品价格特别是粮食最低收购价的提升，农业增产和农民增收较好地被协调起来。然而，未来我国农产品结构性矛盾将更加突出，随着农业生产成本上涨，加之大幅提高价格的空间不会太大，兼顾好产量增长和收入增长的难度会逐步加大，确保农民收入持续稳定增长面临更大压力。特别是，在工资性收入和转移净收入增长空间缩小的情况下，需要将富农增收摆在更加重要的位置，通过深化要素市场化配置改革，提高农业要素配置效率，促进农民财产净收入增加。

（三）坚持市场化取向

正确处理政府和市场的关系是我国经济改革的核心逻辑，实质上就是要处理好资源配置市场起决定性作用还是政府起决定性作用这一问题。改革开放以来我国经济发展取得伟大成就，一个宝贵经验就是坚持了市场取向性，遵循市场化导向，市场在资源要素配置中的作用不断凸显。

市场决定资源配置是市场经济的一般规律，市场经济本质上就是市场决定资源配置的经济。我们党对市场作用的认识经历了一个不断深化的过程。党的十四大提出建立社会主义市场经济体制的改革目标，"要使市场在社会主义国家宏观调控下对资源配置起基础性作用。党的十六届三中全会通过的《中共中央关于完善社会主义市场经济体制若干问题的决定》，删去了在社会主义国家宏观调控下的前置条件，改为"更大程度地发挥市场在资源配置中的基础性作用"。党的十八大增加了"更广范围"，变为"更大程度更广范围发挥市场在资源配置中的基础性作用"。党的十八届三中全会把市场在资源配置中的"基础性作用"修改为"决定性作用"，党的十九大再次强调"使市场在资源配置中起决定性作用"。这是我们党对中国特色社会主义建设规律认识的一个新突破。[1]

改革开放以来，我国农村最早引入市场机制，农民率先进入市场，市场化一直引领着农业农村现代化发展。[2] 农产品批发市场建设从无到有，多元化市场主体由弱到强，农业农村市场化水平持续提升。然而，市场发育存在要素滞后于商品、农村滞后于城市的现象，

---

[1] 中共中央宣传部：《习近平新时代中国特色社会主义思想学习纲要》，学习出版社、人民出版社，2019。

[2] 农业农村部市场与信息化司：《新中国成立70年来农业农村市场化发展成就》，中华人民共和国农业农村部（http://www.moa.gov.cn），2019年7月19日。

城乡统一的要素市场体系没有完全建立起来，突出表现为：农村劳动力、金融、土地等市场发育不充分，产权保护、市场准入等基础制度还存在明显短板，要素价格难以真实灵活地反映市场供求关系、资源稀缺程度，各类市场主体平等使用生产要素、公平参与市场竞争、同等受到法律保护的局面尚未完全形成。

农村要素市场化配置改革有基础性影响，特别是农村土地制度改革，牵涉的问题十分广泛和复杂。因此，农村要素市场化配置改革推进缓慢，有其客观性和特殊性。比如，有观点认为要让农民在城乡之间进退有据，住房财产权的抵押、担保、转让就不能推得太快；还有观点认为，让农民保留一亩三分地，在遇到大的经济危机或冲击的时候，如果在城里找不到工作，回家种地还能有饭吃，等等。这些观点，事实上是将农业农村作为社会的"稳定器"和"蓄水池"来看待的。

上述观点有一定的合理性，但是，这并不意味农村要素配置改革可以拖延，又或者必须由政府行政手段来配置资源要素。实践表明，市场配置资源是最有效率的形式，对城市和农村都是如此。从我国经济高质量发展的要求看，城乡要素不能自由流动和优化配置，全要素生产率就很难提升，而全要素生产率往往被视为经济增长的重要动力源泉。从乡村振兴和农民农村共同富裕的要求看，城乡要素不能自由流动和平等交换，农业比较劳动生产率的提升和农民财产净收入增长就会受到限制。为此，必须逐步改变不利于农村要素价值最大化的制度性障碍，在社会系统可承受的限度内更好地发挥市场在农村要素配置中的决定性作用。

二 土地：实现城乡同地同权同价

土地是农民赖以生存和发展最基本的物质条件，是农业之本、农民之根。土地制度作为国家的基础性制度，与江山社稷和人民福祉息息相关，与农业发展和农村稳定紧密关联。新形势下深化农村改革，主线仍然是处理好农民和土地的关系。近年来，我国实施了农村承包地和宅基地"三权分置"、农村"三块地"试点等重大改革举措，开启了新一轮农村土地制度改革浪潮。但是，从实现城乡土地资源优化配置的目标来看，农村土地制度改革的力度、深度以及配套改革的协同性都需要提升。

（一）同地不同权

按照《中华人民共和国土地管理法》，土地分为国有土地和农民集体所有的土地，其中，城市市区的土地属于国家所有；农村和城市郊区的土地，除由法律规定属于国家所有的以外，属于农民集体所有；宅基地和自留地、自留山，属于农民集体所有。

我国城乡土地配置方式不同，具有完全不同的权利体系，土地发展权、流转权和物权保护不平等，呈现权利二元化、市场进入不平等、价格扭曲和增值收益分配不公等突出问题。包括农村土地在内的集体产权既不是一种共有的、合作的私有产权，也不是一种纯粹的国有所有权，它是由国家控制但由集体来承受其控制结果的一种农村社会制度安排。[①]

关于城乡这种不平等交换关系，最为熟知的是工农产品价格"剪刀差"现象，即在工农业产品交换中价格与价值相背离，农产品价格低于价值、工业品价格高于价值的不等价交换。新中国成立以来，通过"剪刀差"方式提取农业剩余支持工业发展，从而在较短时间就建立了比较完整的工业体系和国民经济体系。据测算，农民于

[①] 周其仁：《中国农村改革：国家和所有权关系的变化（上）——一个经济制度变迁史的回顾》，《管理世界》1995年第3期。

1951~1978年以税收形式向国家提供了978亿元贡赋,以工农产品价格"剪刀差"向国家提供了5100亿元资本,扣除国家对农业的投资1760亿元,农民为工业化提供了4340亿元的净积累。①

改革开放后,随着工业化、城镇化的加快推进,城乡不平等关系呈现出新的形式,出现了新的"剪刀差"现象,即土地价格"剪刀差"。按照相关规定,农村集体土地一般只有通过政府征收才能转化为国有土地,然后将土地使用权出让给城市土地使用者,在这一过程中,城市土地使用权价格往往大大高于农村土地所有权价格,这就形成了土地价格"剪刀差"。② 关于"剪刀差"的规模,不同的机构和学者做过不同的测算,但结果不尽相同。据世界银行原常务副行长英卓华估算,1990~2010年,地方政府征用农村土地价格比市场价格低2万亿元。

城乡土地产权的二元并立,在农村宅基地上更为凸显。农村"三块地"(农村承包地、农村宅基地、农村集体经营性建设用地)中,宅基地最为特殊,其制度改革也最为复杂和敏感。所谓农村宅基地,是指农村村民用于建造住宅及其附属设施的集体建设用地,包括住房、附属用房和庭院等用地。按照所有制性质划分,宅基地属于农民集体所有,由农村集体经济组织或者村民委员会代表集体行使所有权。

农村宅基地是由集体经济组织平均分配给集体组织内部成员的,其基本特征是:集体所有、成员使用、一户一宅、限定面积、无偿取得、长期占有、规划管控、内部流转。这种具有福利性、保障性的使用权分配制度,使农民住有所居而不至于流离失所,是对农民最低限

---

① 刘守英:《城乡中国的土地问题》,《北京大学学报》(哲学社会科学版)2018年第5期。
② 曾令秋、杜伟、黄善明:《对土地价格"剪刀差"现象的经济学思考》,《中国农村经济》2006年第4期。

第七章　深化改革：推进农村要素公平参与分配

度的福利，保障了其"住"的基本权利，具有一定的现实必要性。然而，如果仅仅将宅基地作为保障居住权的载体而存在，而不重视其财产属性，就会限制土地从生存保障功能向致富资本功能的转变。目前，我国农村宅基地产权产能仍不完整，缺乏自由处分权，无法进行抵押，这种"共有私用"和保留排他性限制可让渡性的制度安排，已经难以适应形势发展要求。[1]

为了保护农民宅基地权益，2007年3月出台的《物权法》，明确宅基地使用权为用益物权。2013年11月，党的十八届三中全会通过《中共中央关于全面深化改革若干重大问题的决定》，明确保障农户宅基地用益物权，改革完善农村宅基地制度，选择若干地区进行试点。2014年12月，中共中央办公厅、国务院办公厅印发《关于农村土地征收、集体经营性建设用地入市、宅基地制度改革试点工作的意见》，部署开展"三块地"改革试点，其中，农村宅基地制度改革试点内容概括起来是"两探索、两完善"，即完善宅基地权益保障和取得方式、探索宅基地有偿使用制度、探索宅基地自愿有偿退出机制、完善宅基地管理制度。由于试点期间没有形成可复制可推广的经验，十二届全国人大常委会第三十次会议通过决定，将"三块地"改革试点期限延长一年至2018年12月31日。

到2019年，改革试点探索依然还不够充分，农村宅基地制度中的一些深层次矛盾和问题依然存在。2020年中央"一号文件"要求"以探索宅基地所有权、资格权、使用权'三权分置'为重点，进一步深化农村宅基地制度改革试点"。随后农业农村部牵头制定了新一轮农村宅基地制度改革试点方案，经中央审定后将部署开展。

时至今日，农村宅基地制度改革试点已经两次延期，目前仍处在试点进程中。这充分表明农村宅基地制度改革的复杂性，也要求改革

---

[1] 涂圣伟：《中国乡村振兴制度创新之路》，社会科学文献出版社，2019。

试点更加触及深层次利益格局调整和制度体系变革,更加符合城乡结构形态变化的趋势,更加符合乡村振兴和农民财产净收入增长的需求。

(二)推动农地增值归农

农村土地制度改革关系亿万农民的生计和未来,牵一发而动全身,既拖不得,也急不得,既要积极进取,也要审慎稳妥,需要结合乡村全面振兴和农民农村共同富裕的要求,分类分步有序推进。

从农村"三块地"的改革进展看,总体有序、各有难点。关于农村承包地,目前集体所有权、农户承包权、土地经营权"三权"分置并行改革进展比较顺利,土地经营权流转市场不断完善,改革任务在"三块地"中相对最轻。截至2021年7月,全国已有1239个县(市、区)、18731个乡镇建立农村土地经营权流转服务中心,全国家庭承包耕地流转面积超过5.55亿亩。[①] 然而,关于农村土地承包关系长久不变的有效实现形式、土地承包经营权的永久退出机制等深层次领域,相关探索还比较滞后,尚待进一步深入。

关于农村集体经营性建设用地,自然资源部的统计数据显示,全国集体建设用地大约16.5万平方公里,占建设用地总面积的72%,其中,集体经营性建设用地占13.3%左右,主要分布在东部沿海、城市周边、乡镇中区位较好的地段。从前期农村集体经营性建设用地入市改革试点效果看,对盘活农村存量建设用地、促进农民农村增收发挥了一定作用。但是,由于入市改革涉及各方面利益重大调整,必须审慎稳妥推进。

为此,2022年中央"一号文件"提出要稳妥有序推进农村集体

[①] 农业农村部政策与改革司:《对十三届全国人大四次会议第7262号建议的答复》,中华人民共和国农业农村部(http://www.moa.gov.cn),2021年6月30日。

经营性建设用地入市。2022年9月召开的中央全面深化改革委员会第二十七次会议审议通过了《关于深化农村集体经营性建设用地入市试点工作的指导意见》，提出在符合规划、用途管制和依法取得的前提下，推进农村集体经营性建设用地与国有建设用地同等入市、同权同价，在城乡统一的建设用地市场中交易，适用相同规则，接受市场监管。就进一步深化改革试点而言，需要重点在"收益分配""土地转换"上做好文章。

所谓"收益分配"，即农村集体经营性建设用地增值收益如何在政府、村集体、农民等利益相关主体之间合理分配。目前，寄希望于长期依赖土地财政的地方政府放弃巨大的土地收益，既不现实，也不具有可行性，比较可行的办法是在充分尊重地方政府利益诉求的基础上，消除地方政府与民争利的制度"土壤"。比如，设定一个时间期限，期限内仍允许地方政府控制农村集体经营性建设用地入市规模和节奏，避免冲击国有建设用地市场，在入市土地的优先序上增加入市土地亩均税收贡献额，允许土地增值收益调节金用于改善入市土地基础设施配套能力，提高地方政府综合收益（调节金＋土地税收＋非土地税收）。同时，在村集体与农民之间合理分配增值收益也至关重要，应该给予农民和村集体多种方案选择权，明示土地增值收益调节金的收取理由和收取标准，明确农村集体经济组织土地增值收益内部分配由集体经济组织成员民主决议。

所谓"土地转换"，就是闲置宅基地、废弃的集体公益性建设用地转变为集体经营性建设用地入市。2019年4月中共中央、国务院印发的《关于建立健全城乡融合发展体制机制和政策体系的意见》明确提出，"允许村集体在农民自愿前提下，依法把有偿收回的闲置宅基地、废弃的集体公益性建设用地转变为集体经营性建设用地入市"。农村集体经营性建设用地占农村建设用地的比重不太大，对大多数地区的农民而言，既看不见也摸不着，但农村闲置的宅基地和废弃的集体公益性建设用地规模较大，在各地农村都存在，如果"土地转换"的通道能有效打通，则农村土地的价值必然得到充分激发。但是，在集体经营性建设用地入市扩面改革过程中，如何不冲击地方土地财政，让地方政府也有积极性，则是不得不考虑的问题。

关于农村宅基地，目前改革试点工作还在推进中。如果要试出成效，还需要在完善农村宅基地产权权能和适度放开流转主体限制上下更多功夫。进一步完善农村宅基地和农房的用益物权权益，建立健全农村宅基地有偿使用和退出机制，更为重要的是，打破宅基地成员权和封闭性，探索建立宅基地对外流转和城市居民取得宅基地使用权的机制。[1]

三　劳动力：促进更加平等的就业

过去数十年来，我国创造了令世界瞩目的经济增长奇迹，其中，相当一部分贡献来自劳动力要素在城乡之间的重新配置效应。农业劳动力得以退出低生产率的农业就业，突破城乡边界进行跨地区、跨产业和跨越所有制的重新配置，[2] 改善了资源配置，有效提高了全要素生产率。在这一过程中，如何实现城乡劳动者平等就业、同工同酬同权，一直是焦点问题，且至今尚未得到彻底解决。从城乡劳动力的自由流动就可见一斑。

新中国成立初期，我国城乡劳动力曾有过一个短暂的自由流动时期。当时，伴随国民经济的恢复发展和国家开始大规模经济建设的需要，加上战后农村极度贫困，大量农民为了谋生涌入城市。随之而来

---

[1] 刘守英、熊学峰：《产权与管制——中国宅基地制度演进与改革》，《中国经济问题》2019年第6期。

[2] 蔡昉：《改革时期农业劳动力转移与重新配置》，《中国农村经济》2017年第10期。

的是城市交通、住房、劳动就业和生活供应等各个方面的压力日益增大。为此，1953年4月，政务院发布了《关于劝止农民盲目流入城市的指示》，对农民自发进城采取限制措施，"盲流"一词由此而来。

为了实现对人口的有序管理，1958年1月通过的《中华人民共和国户口登记条例》明确规定，公民由农村迁往城市，必须持有城市劳动部门的录用证明、学校的录取证明，或者城市户口登记机关的准予迁入的证明，向常住地户口登记机关申请办理迁出手续。该条例第一次从法律上正式限制农民进城。1964年8月，国务院又批转了《公安部关于处理户口迁移的规定》，明确提出对从农村迁往城市和集镇、从集镇迁往城市要严加限制。此规定的出台，基本上堵住了农村人口迁往城镇的大门。

改革开放以后，随着农村发展活力释放和城市经济发展，国家开始逐步放松对农民进城的限制，农村劳动力最先呈现为"离土不离乡""进厂不进城"的短距离流动，后来逐步被大规模、跨区域流动的"民工潮"所取代。在"进城门槛"逐步降低的同时，针对农业转移人口的权益保障也不断得到强化。总体来看，目前劳动力在城乡之间流动的制度性障碍基本消除，但自由迁徙和定居还没有完全实现，城市基本公共服务向包括农民工在内的常住人口覆盖不充分，城乡劳动者平等就业制度尚需进一步完善。

下一步，应着眼于人的全面发展和城乡融合发展，从保障就业机会平等、就业待遇平等、就业服务均等等方面入手，让城乡劳动者享有平等的就业环境，让每个人都有机会依靠勤劳、智慧过上幸福美好的生活。

（一）就业机会平等

机会不平等是城乡就业不平等的突出表现。所谓就业机会平等，是指劳动者不论民族、种族、性别、宗教信仰等，都能依据自身资格得到同样的工作机会。客观地看，我国城乡劳动者并没有实现就业机会平等，需要尽快消除限制性规定或隐性壁垒，为农民创造更多就业机会。

促进就业机会公平，需要进一步打破户籍制度藩篱。深入实施以人为核心的新型城镇化，破除城乡之间、地区之间的流动障碍，促进人口、劳动力的自由迁徙，构建不同利益群体的社会协调机制，完善农业转移人口市民化成本分担机制，形成包容性社会认同价值体系。

促进就业机会公平，要强化经济高质量发展中的就业优先导向，提高经济增长的就业带动力，大力发展城市服务业，积极支持农产品加工、休闲农业发展，引导有市场、有效益的劳动密集型产业优先向中西部转移，通过扩大就业，实现更高程度的就业机会公平。

促进就业机会公平，还要让农业转移人口不会因身份而受到歧视。切实将《就业促进法》落实到位，严格监管用人单位的招聘行为，着力消除就业中的户籍、性别、学历、地域等歧视性规定。

促进就业机会公平，更要给予农业转移人口同等的就业技能提升机会。推动城乡居民职业技能培训机会公平，全面开展农民工技能提升培训或转岗转业培训，推动实现未升入普通高中、普通高等院校的农村应届初高中毕业生都能接受职业教育，深入实施返乡农民工、农民子弟大中专毕业生、农村户籍退役军人、农村残疾人等重点群体专项培训计划，对职业院校农村学员和困难家庭成员给予生活费补贴。

（二）就业待遇平等

长期以来，拖欠农民工工资受到社会各界高度关注。不少进城务工的农民就业稳定性不强，没有签订正式用工合同，无法享受"五险一金"等城镇职工社会保障。在我国经济下行，特别是新冠肺炎疫情冲击下，农民工就业待遇平等权成了更容易被忽视的权益。

不可否认，强化对农民就业权益的保护不能以牺牲用工企业发展为代价，但是，企业经营困难、成本上升不应该成为减配或侵害农民工正当权益的理由。为此，要在加强助企纾困扶持措施、稳定就业市场的同时，更加重视维护农民工的劳动保障权益。

推动农民就业待遇平等，要从合同入手，规范农民工劳动合同管理，督促落实用人单位与农民工依法普遍签订并履行劳动合同，针对临时性就业岗位推广简易劳动合同示范文本，持续完善适应家政服务特点的劳动用工政策和劳动标准。

推动农民就业待遇平等，要切实保障务工农民工资报酬权益。在容易发生欠薪的建筑、餐饮等行业，推行工资保证金制度，推广欠薪应急周转金制度，健全并落实工程总承包企业对所承包工程的农民工工资支付全面负责制度、劳动保障监察执法与刑事司法联动治理恶意欠薪制度、解决欠薪问题地方政府负总责制度，落实农民工与城镇职工同工同酬制度。

推动农民就业待遇平等，要让农民工享受到城市的职业保障服务。提高农民工社会保险覆盖率，完善城乡社会保险关系转移接续政策，加强农民工安全生产和职业健康保护，支持地方将符合条件的进城务工农民纳入保障房范围。

（三）就业服务均等

构建城乡均等的公共就业服务体系，是实现农村劳动力就业平等权的基础保障。相对于社会网络资源较为充足的城镇居民，进城农村劳动力更加需要没有身份歧视、一视同仁的公共就业服务。

实现就业服务均等，要正视农民工的就业服务需求。有针对性地为农民工提供便捷高效的求职服务，全面放开失业登记，确保失业农民工和有就业意愿的农民工免费享受职业介绍、培训项目推介等基本公共就业服务。因地制宜地发展零工市场或劳务市场,搭建企业用工余缺调剂平台,鼓励农民工灵活就业,如直播销售、网约配送等新就业形态。

实现就业服务均等,还要向关心市民创业一样支持农民工创业。既要做好农民工创业指导和服务,围绕承接产业转移、对接外地市场、开发本土资源、开拓线上业务等,为有意愿的农民工量身打造一批创业项目,当好农民工创业的"领航员",也要做好农民工创业的"服务员",鼓励有创业意愿和创业能力的农民工进驻农民工返乡创业园、现代农业产业园、中小企业孵化园、星创天地等创业平台,为其提供创业场地、水电价格优惠、创业指导、信贷支持等服务。

四 资本:更好服务"三农"发展

资本是重要的生产要素,泛指一切投入再生产过程的有形资本、无形资本、金融资本和人力资本。经济理论中有一个资本边际效率递减规律,即资本边际效率会随着社会投资的不断增加而呈现逐渐减少的趋势。按照这一规律,人均资本较低的地区往往具有较高的资本回报率,资本为追求更高回报率,应大量流向稀缺的地方,直到人均资本均等化。

然而,我国城乡资本流动方向却与这一理论相悖,即所谓的"卢卡斯之谜"。据相关测算,我国农村资本收益率明显高于城市,且两者差距随时间的推移而呈"剪刀"状不断扩大之势,但农业和农村资本大量向城市和工业流动。[①]

[①] 彭小辉、史清华:《"卢卡斯之谜"与中国城乡资本流动》,《经济管理研究》2012年第3期。

尽管关于城乡资本流动是否真的存在"卢卡斯之谜",还存在一定争议,同时对这一悖论的解释也不尽统一,比如,将其归因于城乡金融资源配置不均衡、城乡人力资本差异、制度环境差异等。不论如何,农村资本向城镇流动是客观存在的。不论是改造传统农业,还是推进乡村全面振兴,都需要通过财政、金融、引入社会资本等方式为"三农"发展提供给更多的资金支持。特别是,要大力创造资本留在农村、造福农民的应用场景,畅通资本下乡、普惠金融助农通道。

(一)资本下乡

可能很少有像资本下乡这样的一个现象,会引起社会各界如此关注和争议。在部分人看来,资本是天然逐利的,资本剥削小农无法避免,只会"富了老板,亏了老乡",还有人担心资本"上山下乡"打擦边球圈地;而在另一部分人看来,已经"贫血""失血"的乡村需要资本,如果没有资本来改造小农,就难言农业农村现代化。[1] 尽管争论依然在持续,资本下乡对乡村发展可能带来的冲击也不容忽视,但近年来社会资本下乡已然成为一种趋势,并在优化乡村资源要素配置、活跃乡村经济等方面发挥了积极作用,因此,不能将资本下乡视为洪水猛兽甚至妖魔化。

资本下乡只是眼花缭乱的镜像,背后却是中国乡村社会的整体变迁和功能重塑。农业农村要摆脱自我循环累积不足的困境,则社会资本就是不可或缺的重要力量。对待资本下乡,不应该止于需不需要的讨论,而是要聚焦以何种方式更好地引导资本下乡,以及在这一过程中如何构建更加紧密的利益联结机制,让下乡资本真正带农益农富农。

---

[1] 涂圣伟、周振、张义博:《工商资本:新时代乡村振兴的重要变量》,中国社会科学出版社,2019。

发挥社会资本的作用，首先必须让其"干得好"。现实中工商资本企业有的是带着情怀、带着梦想下乡，有的是看到国家对农业的扶持而下乡，有的则是盲目跟风，对农业投资的复杂性、长期性和风险性认识不足，最后铩羽而归甚至"跑路"的不在少数。即便能维持正常经营，也面临融资难、用地难、人才短缺等诸多困难，干得十分不容易。

要让资本下乡真正"干得好"，既要赋予其进入和退出农业农村的自由选择权，也要设置好"红绿灯"，强化监管，并构建"用地、融资、人才"等系统性保障体系，完善风险防范机制，引导好、保护好、发挥好社会资本投资农业农村的积极性、主动性，在遵守土地流转"三个不得"（不得改变土地集体所有性质、不得改变土地用途、不得损害土地承包权益），保障农民利益不受侵害的前提下，引导社会资本有序进入产业发展、乡村建设、乡村治理的重点领域和关键环节。

引导社会资本下乡，既要让资本下乡"有利可图"，更要让农民分享到合理收益，关键在于利益联结机制建设。实践中，不少地方发展出订单农业、"固定收益+按股分红"等多种利益联结形式，但大多比较松散，与形成"收益共享、风险共担"的利益共同体还有较大差距。

按照行为学的激励约束理论，利益联结关系是利益主体选择的结果，其紧密程度取决于是否形成对行为人有吸引的激励机制，以及有约束力、能维系合作稳定的约束机制。

激励机制是诱发利益主体采取行为的直接诱导因素，约束机制是迫使利益主体接受行为规范的系列制度安排或规则。一个比较健全的利益联结机制，应该包括利益分配机制、利益保障机制和利益调节机制，三者相辅相成、缺一不可。目前，资本下乡涉足农业农村的领域不断拓展，不再局限于农业产业化经营领域，参与农村资产运营、乡村公共产品供给等现象越来越多，不同领域涉及的利益主体、利益构成、影响范围不尽相同，需要基于不同领域进行利益联结机制的差别化构建。

在农业产业化经营领域，利益分配机制建设要充分发挥市场机制在利益联结、收益分配等方面的决定性作用。政府应该尽可能减少干预，退出产品或要素定价等市场机制能发挥主导性作用的领域。在利益保障机制建设方面，加快建设农村信用体系，健全农村居民信用体系、企业诚信管理制度，建立个人借贷以及工商企业发债、贷款、担保等信用交易及生产经营活动与诚信履约挂钩机制，加强守信激励和失信惩戒。同时，加强农村产权保护，建立健全农村产权交易体系，促进资源要素的自由流动和合理配置。在利益调节机制建设方面，通过政策、资金、基础设施建设倾斜等方式，鼓励下乡资本与农民建立起紧密型合作关系，提高对农民的利益分配份额。

在农村资产运营领域，重点是建立资产基础价格体系，探索和明确资产增值收益在政府、企业、村集体、农民之间的总体分配导向，引导下乡资本与村集体、农民采取协商的方式形成合理的分配比例关系。在利益保障机制建设方面，政府重点要"推改革"，加快推进农村集体产权制度改革，建立农村产权交易市场，支持建立新型农村集体经济组织；建立资产经营风险防范体系，强化对村集体收益的监管，实施专款专户管理，确保利益联结的稳定。在利益调节机制建设方面，通过税收减免、贷款贴息等方式，支持下乡资本与村集体建立利益紧密的开发经营主体，明确村集体资产运营公司的市场交易主体地位，促进资产增值更多地留给村集体和农民。

在乡村公共产品供给领域，重点要创新政府与社会资本合作方式，强化利益合理补偿。采取直接投资、投资补助、资本金注入、财政贴息、以奖代补、先建后补等多种方式，支持下乡资本参与农村公共物品供给。建立保障下乡资本合理收益的政府和社会资本合作机制，支持地方政府将农村基础设施项目整体打包，提高收益能力，并建立运营补偿机制，保障下乡资本获得合理投资回报。对参与农村基础设施、生态、文化等公共物品供给的企业，在用电、用地等方面优先予以保障。

（二）农村产权抵押融资

缺少抵押物，一直以来都是农民贷款难的痛点所在。根据《物权法》《担保法》，耕地、宅基地、自留地、自留山等集体所有的土地使用权不得抵押，但法律规定可以抵押的除外。为了加大对"三农"的金融支持力度，维护农民土地权益，增加农业生产中长期和规模化经营的资金投入，2015年8月，国务院印发《关于开展农村承包土地的经营权和农民住房财产权抵押贷款试点的指导意见》（国发〔2015〕45号），部署开展农村承包土地的经营权和农民住房财产权（以下简称"两权"）抵押贷款试点工作。

2015年12月27日，第十二届全国人民代表大会常务委员会第十八次会议通过决定，授权国务院在北京市大兴区等232个试点县（市、区）行政区域暂时调整实施《中华人民共和国物权法》《中华人民共和国担保法》关于集体所有的耕地使用权不得抵押的规定；在天津市蓟县等59个试点县（市、区）行政区域暂时调整实施《中华人民共和国物权法》《中华人民共和国担保法》关于集体所有的宅基地使用权不得抵押的规定，为"两权"抵押贷款试点提供了重要的法律支撑。

2018年，"两权"抵押试点任务如期完成，并取得积极成效。根据国务院关于全国农村承包土地的经营权和农民住房财产权抵押贷款试点情况的总结报告，截至2018年9月末，全国232个试点地区农地抵押贷款余额520亿元，累计发放964亿元；59个试点地区农房抵押贷款余额292亿元，累计发放516亿元。普通农户的贷款额度由

第七章 深化改革：推进农村要素公平参与分配

试点前的最高 10 万元提高至 50 万元，对新型农业经营主体的贷款额度由试点前的最高 1000 万元提高至 2000 万元至 5000 万元不等。

试点结束后，第十三届全国人大常委会第七次会议审议通过的《农村土地承包法》修正案明确，农村承包土地的经营权可以向金融机构融资担保。农民住房财产权抵押贷款工作，则纳入宅基地制度改革统筹考虑。一些地区结合农村土地制度改革，积极探索农村产权抵押融资工作，包括农村集体经营性资产、农村集体资产股权、小型水利设施使用权、农业类知识产权等。

从实践看，农村产权抵押融资总体规模依然不大，推进过程中面临较多障碍。其中，除了法律法规方面的原因外，最为突出的是贷款风险补偿和缓释机制不健全。为了分担金融机构开办农村产权抵押贷款业务风险，部分地区设立了专门的风险补偿基金，还有的地区成立了政府性担保公司，以出资额为限提供风险补偿或担保代偿。同时，为了统筹解决抵押变现、价值评估、风险防控等问题，还探索了贷前抵押物"预处置"、第三方回购、多方合作共同处置等模式。

但是，由于农村集体产权制度、土地制度等改革尚待深入推进，农村集体产权交易市场不健全，产权流转面临较多限制，许多金融机构开展相关业务的动力不足。据浙江某地农商行负责人介绍，"自从一笔抵押贷款逾期处置不了损失 800 万元后，土地承包经营权抵押业务就停止了，风险比较大"。一些地区名义上开展的是土地经营权抵押贷款，背后金融机构依然要求农民或企业提供其他抵押物。

深入推进农村产权抵押融资，要加快研究完善农村产权抵押融资涉及的法律法规，加强财政、税收、贴息、保费补贴、担保费补助等方面的政策支持。同时，加快推进农村产权流转交易市场建设，同步完善合同规范、价值评估、纠纷调处、融资抵押等功能，形成有效的流转处置承接方储备库和抵押物价格发现机制。

同时，要健全抵押物处置机制，支持有条件的地方探索设立或引入政府牵头、社会资本参与的农村资产管理公司、农村物权公司和农村产权收储中心等产权收储或托管机构,对无法流转或流转不成功的抵押物进行统一收购和处置,支持建立农村产权抵押贷款风险补偿专项基金。

(三)农村数字普惠金融

在2016年G20杭州峰会发布的《二十国集团数字普惠金融高级原则》中,"数字普惠金融"作为单独完整的概念被首次提起,并被定义为一切通过使用数字金融服务以促进普惠金融的行动。《数字普惠金融发展白皮书(2019年)》对这一定义做了阐释和拓展,认为数字普惠金融是在成本可控模式可持续的前提下,以各类数字化技术为实现条件,为社会各阶层尤其是现有金融体系覆盖不足的城镇低收入人群、农村人口、偏远地区人口等特殊群体以及小微企业提供平等、有效、全面、方便的金融产品和服务。

依托"端边云网数智链"(智能移动终端、边缘计算、云计算、互联网/移动互联网和物联网、大数据技术、人工智能、区块链技术)等,数字普惠金融服务拓展了时空边界、效率边界和交易可能性边界,延伸了供应链、交易链和信用链,[①] 大大提高了金融服务的覆盖面、可得性和便利性,其中小农户、涉农小微企业就是数字普惠金融发展的重要受益者。

长期以来,我国农村普惠金融发展不快、基础薄弱,农村"融资难、融资贵、融资慢"的问题比较突出,大量小农户、涉农小微企业等被传统金融排斥,发展受到限制。传统农村普惠金融发展之所以难,难在农村信用体系不健全,金融机构与农业经营主体之间信息不对称,而农业经营主体普遍存在经营规模小、硬信息少、抵押资产

---

① 王力:《把握数字普惠金融发展新趋势》,《银行家》2022年第6期。

缺乏且难以评估等问题，服务这部分群体存在获客成本高、风险控制难等障碍。

随着数字技术在农村普惠金融中的不断渗透，数字普惠金融在农村悄然兴起，在一定程度上破除了传统普惠金融发展难题。利用大数据、人工智能、卫星遥感、图像识别等信息技术，银行、金融科技机构等提升了收集、分析和处理数据的能力，能够比较精准地识别有贷款需求的农业经营主体及生产经营情况。产品交易、农业保险、土地流转、种植情况等相关数据都可以成为反映其信用和经营状况的依据，从而能够为农业经营主体进行更精准的数字画像、数字信用评级和数字授信，有效匹配其资金需求，较好地适应大量农业经营者资金需求"小、频、急"等特点。同时，通过线上化办理，突破了空间、时间限制，节省了办理时间与成本，提高了农村金融服务效率。通过有效计算违约概率，及时预警、动态监控风险，也降低了信贷违约风险。

基于此，2021年中央"一号文件"提出，发展农村数字普惠金融，并支持市县构建域内共享的涉农信用信息数据库等。与此同时，越来越多的银行、非银行金融机构、互联网企业、金融科技公司等，开始在涉农贷款、供应链金融、消费金融等领域布局深耕，众多金融应用场景陆续被开发出来。比如，网商银行推出的卫星遥感信贷技术"大山雀"、京东金融的"数字农贷"等。

从实践效果看，农村数字普惠金融的发展对提高农民收入产生了积极作用。但是，当前农村数字普惠金融主要集中为数字支付，数字信贷比例还不大。由于农村数字基础设施还不完善，农业产业链数据孤岛现象突出，农民数字普惠金融素养不高，数字金融风险防范和监管机制建设相对滞后，影响了数字普惠金融机构的服务质量和经营效率。

农村数字普惠金融无疑是未来发展潮流，但也需要一个过程。进一步促进农村数字普惠金融发展,要支持和规范并举,一方面,加快推进农村数字技术设施建设,加大金融科技在农村地区的应用推广力度,积极研发满足广大农户、新型农业经营主体需求的金融产品,增加金融服务供给。同时,结合具体应用场景,开展多层次多内容的数字普惠金融宣传教育,使农户和新型农业经营主体深入了解数字普惠金融产品和服务,提升金融认知水平和素养,强化风险防范和履约意识。另一方面,应制定数字普惠金融赋能乡村振兴的负面清单,在依法合规的前提下,探索"监管沙盒"机制,引导农村金融机构参与金融科技新业态。

专栏7-1　网商银行"大山雀"

通过卫星遥感及AI技术,农户只需拿着手机绕地走一圈,或在支付宝上把自己的地在地图上圈出来,就可以识别这块地的农作物面积、作物类型及长势。农户圈出的地块是否准确,也可以与农户在政府机构登记的土地流转、农业保险等数据进行交叉验证。有了这个关键信息,再结合气候、行业景气度等情况,通过几十个风控模型,就可以预估产量和价值,从而向农户提供额度与合理的还款周期。

风控模型会对农户申贷时间的合理性做出评价,"大山雀"一般以5~7天为周期,实时更新卫星影像和识别结果,监测农作物长势,判断作物所处阶段,如育苗期、拔节期或收购期等,进而分析农户插秧、打药、追肥及收割时期的不同资金需求,给予差异化的授信方案,在满足各周期生产经营所需的情况下,防止过度授信,降低风险。同时,构建基于"地域—气候—作物—农户"的全方位种植评价体系,根据历史温度、湿度、降水、风速、光照等预测农作物的产量和损益,从而进一步精准识别贷款风险。对农户而言,可以通过网商银行App全流程无接触完成所有业务的便捷操作,授信过程在几分钟内便可办理完毕。

自2020年9月正式发布以来,"大山雀"已经覆盖全国超过1/3的涉农县,数十万种植农户通过这项技术获得了信贷支持,"大山雀"也从识别水稻、玉米等主粮作物拓展至苹果、猕猴桃等经济作物。"大山雀"入选农业农村部2021年数字农业农村新技术新产品新模式优秀案例、2021年全球农村金融技术创新榜单。

第八章　优化政策：加大面向农民农村的再分配力度

在现代化进程中，支持保护农业、振兴发展乡村是世界各国的普遍做法，这是由农业的基础性、弱质性和乡村功能的不可替代性决定的。过去几十年来，重视和支持"三农"发展，并根据发展阶段和形势变化适时调整完善政策，不断优化公共资源配置，是我国农业农村发展不断取得进步、农民持续稳定增收的重要原因。当前，推进农民农村共同富裕取得实质性进展，既要通过支持农业高质量发展，"做大蛋糕"，也要完善公共政策体系，"分好蛋糕"；既要主导初次分配的市场力量，也离不开主导二次分配的政府力量和发起三次分配的社会力量。

一　收入再分配的二维透视

20世纪80年代起，我国政府更是一直致力于推动税收、转移支付、社保等收入再分配政策系统化和制度化。国际上，尽管美、欧、日等发达国家的农业在国民经济中占比很小，但其向农村农民倾斜的收入再分配政策一直没有改变。

（一）当代中国：农民的公平正义

新中国成立后，国家和政府在社会保障中发挥了主导作用。改

第八章　优化政策：加大面向农民农村的再分配力度

革开放前的农村保障安排主要有"五保"制度、农村合作医疗制度、救灾救济制度，保障水平较低，内容相对比较单一。农民农村再分配制度的建立健全始于20世纪80年代后期，主要包括以下三个方面。

在贫困治理上，1986年成立了专门的扶贫机构，过去几十年来，国家逐步通过东西扶贫协作、财政支持、民生保障等多元化帮扶措施，为贫困地区提供技术、资金、政策等多方面支持。贫困治理工作重点不断细化，从县转向乡和村再转向贫困个体的精准扶贫目标不断提高，从解决温饱问题转向全面小康再转向共同富裕；范围逐渐扩大，从有计划的开发式扶贫到大规模减贫再到扶贫转型和深化，[①] 创造了人类减贫史上的奇迹。

在社会保障上，主要从养老保险、医疗保险、社会救助三个方面推进制度建设，起初进展较慢，但进入21世纪后发展较快。新农合、新农保相继推出，原有的社会救助体系中加入农村医疗救助制度，同时，提高五保和低保的供养水平，我国农村社会保障力度和覆盖范围不断增强和扩大。截至2012年底，我国参加新农保人数4.6亿人，参加新农合人数8.05亿人，参合率高达98.3%。[②] 党的十八大以来，我国农村社会保障体系建设更加注重内部整合和城乡衔接，尤其是2014年城乡养老保险并轨和2016年城乡居民医疗保险"六统一"，推动农村社保向更加公平的方向发展。

在支农补贴上，2006年我国正式取消农业税、牧业税，延续千年的"皇粮国税"退出历史舞台，转而实行农业补贴，目前基本形成了框架较为完整、含金量较高、针对性较强的补贴政策

[①] 甘犁等：《全面建成小康社会后的贫困治理与乡村发展》，《管理科学学报》2021年第8期。

[②] 王立剑、代秀亮：《新中国70年中国农村社会保障制度的演进逻辑与未来展望》，《农业经济问题》2020年第2期。

体系。

农民农村再分配制度的逐步建立，使农民有了基本生活保障，收入持续提高。2020年底，我国打赢消除绝对贫困这一攻坚战，区域性整体贫困问题得到解决。回顾我国经济改革历程，收入分配思路从效率优先、兼顾公平到兼顾效率和公平，再到更重视公平和共同富裕；农民农村再分配制度从恢复与探索到改革发展，再到完善与提高；城乡收入倍差从处于低位到波浪式持续拉大，再到最终缓和，具体可分为四个阶段，如图8-1所示。

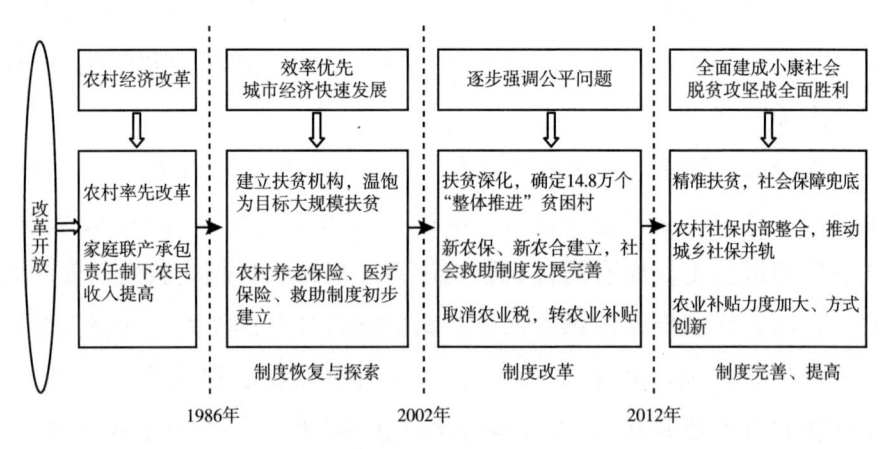

```
┌─────┐  ┌──────────┐    ┌──────────────┐    ┌──────────────┐    ┌──────────────────┐
│     │  │农村经济改革│    │效率优先      │    │逐步强调公平问题│    │全面建成小康社会  │
│     │  │          │    │城市经济快速发展│   │              │    │脱贫攻坚战全面胜利│
│改革 │  └──────────┘    └──────────────┘    └──────────────┘    └──────────────────┘
│开放 │       ↓                 ↓                   ↓                    ↓
│     │  ┌──────────┐    ┌──────────────┐    ┌──────────────────┐  ┌──────────────────┐
│     │  │农村率先改革│   │建立扶贫机构，│    │扶贫深化，确定14.8万│ │精准扶贫，社会保障│
│     │  │          │    │温饱为目标大规模│  │个"整体推进"贫困村 │ │兜底              │
│     │  │家庭联产承包│   │扶贫          │    │                  │  │农村社保内部整合，│
│     │  │责任制下农民│   │              │    │新农保、新农合建立，│ │推动城乡社保并轨  │
│     │  │收入提高  │    │农村养老保险、│    │社会救助制度发展完善│ │                  │
│     │  │          │    │医疗保险、救助│    │                  │  │农业补贴力度加大、│
│     │  │          │    │制度初步建立  │    │取消农业税，转农业补贴│方式创新          │
└─────┘  └──────────┘    └──────────────┘    └──────────────────┘  └──────────────────┘
              制度恢复与探索           制度改革              制度完善、提高
          1986年              2002年              2012年
```

图8-1 改革开放以来我国农民农村再分配制度变化历程

回溯历史，近代以来工业化、城镇化持续冲击传统农业社会，农民的价值取向已经不再局限于生存伦理，而是具有多重性、发展性、综合性。新中国成立后，古代小农社会的基本结构发生了重要变化，个体、家族、乡村的相互依存关系削弱，政府和国家责任逐步凸显。事实上，改革开放以来的40余年，政府二次分配已经成为解决农村公平问题的主要手段，取得了很大成效。进入新发展阶段后，我国经济转向高质量发展，财政收入中低速增长与财政支出刚性增加的矛盾较为突出。面临新形势，需要唤醒三次分配的优良传统（民间慈善

在古代曾是政府财力的重要补充），积极创新乡贤文化，汇聚社会力量拉动农民增收致富。

（二）持续支持农业农村：OECD国家的实践

经济合作与发展组织（OECD）中的大多数国家均在20世纪80年代之前完成了农村转型，即工业和服务业发展促进农业商业化、多样化和多功能化以及农村劳动力非农就业和农业可持续发展的转变过程，[①] 农业现代化、农村公共服务、社会保障等取得重要进展。

从农业发展看，以美国、日本、欧盟为代表，主要发达经济体农业转型历程基本符合速水佑次郎的"农业发展三阶段"理论，即低收入时的"粮食问题优先阶段"、中等收入时的"贫困问题优先阶段"、高收入时的"农业调整优先阶段"。在第一阶段，政府介入农业生产和流通环节进行补贴，提高农民生产积极性，增加粮食产量。在第二阶段，工农业发展差距和城乡收入差距快速拉大，政府关注点逐渐转向农民收入，农业补贴目标兼顾粮食安全和农民增收。在第三阶段，为防止农民相对收入降低，促进农业与非农部门之间的资源通畅转移成为政策调整重点。[②]

在农业快速发展的前两个阶段，发达国家对农业普遍提供了大量补贴和政策支持。以美国为例，1933~1996年（可以定义为传统农业法案时期，已进入农业发展的第二阶段），共出台了14部农业法案，增加农场收入是这一阶段始终不变的政策目标之一，通过价格支持、直接收入补贴、出口补贴等工具支持农业农民，不仅使用了大量的"绿箱"政策（占农业增加值比重超20%），"黄箱"补贴更是占

[①] 黄季焜、陈丘：《农村发展的国际经验及其对我国乡村振兴的启示》，《农林经济管理学报》2019年第6期。

[②] 李俊松、李俊高：《美日欧农业补贴制度历史嬗变与经验鉴镜——基于速水佑次郎"农业发展三阶段论"》，《农村经济》2020年第4期。

据主导地位（基期 AMS 占农业增加值的 50%以上）。[1]

再如日本二战后经济高速增长，相对贫困问题突出，进入农业发展的第二阶段。为解决农村经济出现的问题，日本制定了《农业基本法》，对大多数农产品实施不同程度的最低保护价、成本收入补偿等价格支持政策，提高农民种植收益。同时，通过农民直接补贴、保费补贴、自然灾害损失补贴等收入补贴，直接增加农民收入。日本的农业补贴覆盖面广、标准高，1973 年制定的"农业高效 10 年计划"经费预算资金达到日本同年农林水产总值的 4 倍以上。[2] 20 世纪 90 年代后期，OECD 国家的支农力度达到顶峰，1999 年美国农业支持度达到 23%，日本更是高达 55%。[3]

21 世纪以来，受国际贸易规则约束，同时，也是基于第三阶段"农业调整"的需求，OECD 国家对农业支持的"黄箱"政策不断减少，国际农业补贴出现方向性调整。首先，将对农产品的直接价格干预转为收入补贴并不断强化，如欧盟用单一农场补贴政策替代了与种类、产量、面积挂钩的直接收入补贴政策，改革后，欧盟农业生产者补贴达到 912 亿欧元，甚至比 1986～1988 年还增加了 30 亿欧元。[4] 其次，关注农业生态环境恢复，如美国实施的耕地环境保护计划，欧盟引导农民减少化肥农药使用和土地休耕，由政府补贴由此产生的损失。最后，财政支持农业科技研究和人力资本培育，如美国通过机械化走向农业现代化，而日本则走出了一条良种化、水利化道路。

---

[1] 孟静、马志宇、韩冬：《美国农业补贴政策历史嬗变及对中国的借鉴》，《粮食科技与经济》2021 年第 6 期。

[2] 贾会棉、刘新乐、王俊凤：《美日韩财政支农发展对比及借鉴》，《世界农业》2010 年第 7 期。

[3] 数据来源于 OECD 数据库。

[4] 李俊松、李俊高：《美日欧农业补贴制度历史嬗变与经验鉴镜——基于速水佑次郎"农业发展三阶段论"》，《农村经济》2020 年第 4 期。

第八章　优化政策：加大面向农民农村的再分配力度

与此同时，发达国家注重通过立法为农民提供养老、医疗、教育等公共服务，政府是公共产品和服务的主要供给者。比如日本1959年颁布了《国民养老金法》，1961年将《国民健康保险》纳入农村系统，60年代，日本的社会养老保险和医疗保险已经覆盖了全体农村人口。[①] 城乡存在自然条件和地理位置等差异，但在政治、经济和生活等方面的权利没有明显差异。[②] 政府除了提供物质保障外，也注重通过减免税收或特殊补贴提升农民自主参与的积极性，如以互相扶助为指导思想的农协，集体共同承担基金筹集的责任。[③]

发达国家的慈善捐赠体系也相对健全，并且有向农村倾斜的税收激励措施。以美国为例，美国的税收制度可以一分为二，一是通过所得税的减免用来激励个人捐赠，二是通过极高的遗产税和赠与税来抑制巨额财富的家庭传承。为此，很多富豪将个人财产通过捐赠来合理避税。在农村发展上，蒙大拿州制订了针对乡村退休人员的收入税收激励措施，鼓励捐赠个人资产用于支持乡村社区的公共性事业发展。[④]

二　更好地补贴农民农村

我国作为一个农业大国，大国小农的基本农情长期不会改变，发

[①] 李华、孙文策、张正岩：《日本、韩国和欧盟农村发展政策：经验借鉴与启示》，《改革与战略》2021年第8期。

[②] 黄季焜、陈丘：《农村发展的国际经验及其对我国乡村振兴的启示》，《农林经济管理学报》2019年第6期。

[③] 林静、郑晓玲：《从财政角度看中日农村社会养老保险制度》，《合作经济与科技》2011年第3期。

[④] 龙晓柏、龚建文：《英美乡村演变特征、政策及对我国乡村振兴的启示》，《江西社会科学》2018年第4期。

展现代农业、增加农民收入，离不开国家的支持。当前，国际国内形势复杂，促进农民持续较快增收面临诸多挑战，乡村发展也存在一些现实难题。有效解决这些问题，依然需要政府持续加大"三农"投入。相比OECD国家而言，我国对农业的支持力度还需要进一步提升。

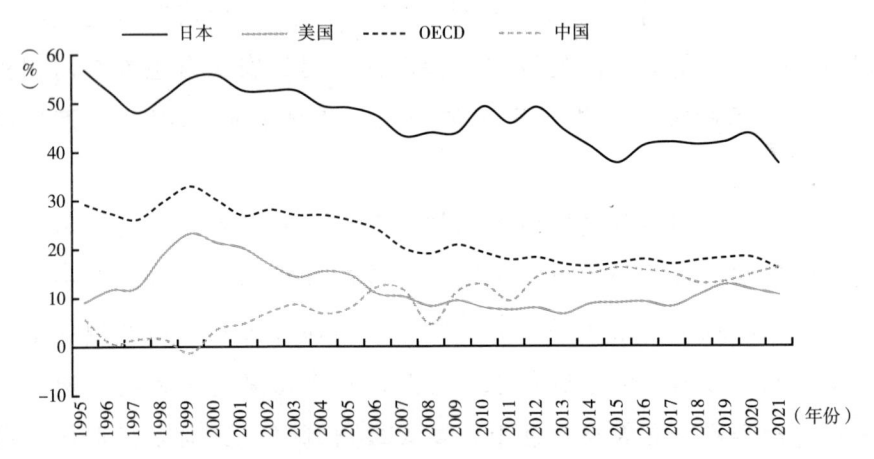

图8-2　1995~2021年生产者支持占农业总产值比例变化（PSE）

数据来源：OECD数据库。

然而，近年来宏观经济增速下行直接影响了财政收支，国家涉农资金投入增速放缓。以国家财政一般公共服务支出和农林水事务支出为例，近两年支出增速明显下降，从2012年的15%以上下降到2021年的-7%左右。"十四五"时期，我国财政支出可能进一步缩紧，面对农民增收和农村发展遇到的困难与挑战，必须在领域、区域、人群方面突出重点，聚焦欠发达地区和低收入群体，更好地补贴农民农村。

更好地补贴农民，首先要"辅之以利"，保障种粮收益。自2016年以来，我国三种粮食作物（稻谷、小麦、玉米）的净利润接近为0，种粮比较收益下降。如何才能让农民种粮有利可图？2016年4月

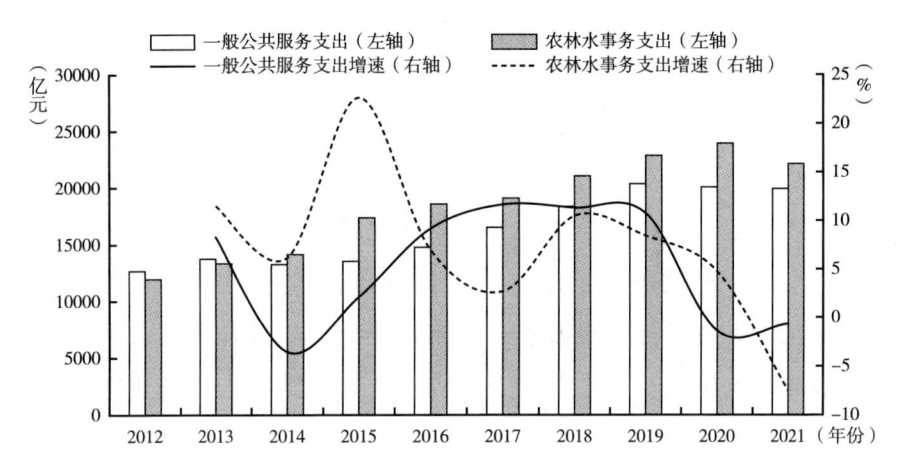

第八章 优化政策：加大面向农民农村的再分配力度

图 8-3　2012~2021 年国家财政一般公共服务支出和农林水事务支出

数据来源：国家统计局。

25日，习近平总书记在安徽凤阳县小岗村主持召开农村改革座谈会时强调，在政策上，要考虑如何提高粮食生产效益、增加农民种粮收入，实现农民生产粮食和增加收入齐头并进，不让种粮农民在经济上吃亏，不让种粮大县在财政上吃亏。要真正让农民种粮有钱赚、多得利，要完善"辅之以利"的保障机制。

多年来，我国水稻、小麦最低收购价政策在兼顾保粮食产量和稳粮农收入方面功不可没，但还没有从根本上理顺粮食价格机制，"种好粮卖上好价格"的机制还没有完全形成。切实保障种粮收益，除了加强补贴支持外，还要加快市场化改革，进一步完善粮食收储制度和价格形成机制。

在保障粮食安全的基础上，要推进农业农村现代化，促进农民持续稳步增收，调整农业支持政策已势在必行。当前，我国农业进入高质量发展的新阶段，农产品供求关系、工农城乡关系等发生深刻变革，要素条件、消费需求、外部环境等发生重要变化，亟须构建起以提质为导向、符合农业发展阶段转换要求的农业支持政策体系，主要体现为以下几个转型。

转型一：从政府直接干预转向市场主导。当前，我国农业支持政策转型的重点方向就是减少对市场的直接干预，让市场信号真正反映供求关系、引导资源配置。多年来，我国实施的粮食价格支持政策，虽然有效缓解了国内粮价波动，调动了农民生产积极性，但也带来库存大量积压、财政负担不断加重、国际国内价格倒挂等问题。近年来，棉花、大豆目标价格改革，玉米市场定价、价补分离改革，增加口粮最低收购价政策弹性等，正是农业支持政策朝着市场化方向加快调整的表现。

转型二：从生产支持转向产业链价值链提升。我国仍处在工业化城镇化加快推进阶段，全社会对农产品特别是优质农产品的需求持续增长，巩固提升农业生产能力，强化优质农产品生产，增加与需求变化相匹配的有效供给，仍是当前我国农业政策支持的重点。同时，优质产品不仅是"产"出来的，还是技术进步、加工转化等共同作用的结果，在稳定农业生产的同时，新增补贴和支持手段应该向产业链前端的科研和产业链后端的加工等环节覆盖。此外，顺应广大人民群众对看得见山、望得到水、记得住乡愁的精神消费需求日益增长的需要，还应加大对农业新产业、新业态、新模式的支持力度，实现农业从生产功能向生态、生活功能拓展。

转型三：从增量支持转向提升政策效能。考虑到我国农业生产成本"地板"持续抬升、国际农产品进口冲击、农业生态环境保护压力，未来一个时期，要将粮食产量维持在一个合理的区间，将重要农产品质量提升到更高层次，同时让生态环境得到"休养生息"，我国农业支持力度还需要进一步加大。然而，目前我国尚不具备全面、大规模补贴支持农业的能力，与发达国家搞补贴竞争，单纯依靠扩大政策支持规模来保障农产品供给，既不现实，也不合理，需要在提高支持政策效能上下功夫，更多地从提高政策精准性上要效率，聚焦重点品种、重点生产区域和重点生产群体，形成"谁种补谁""多种多补、不种不补"的机制；从提高政策协调性上要效率，统一直接补贴、价格支持、保险补贴等政策目标，增强政策合力；从保持政策延续性上要效率，对投入周期长、见效过程慢的领域，要稳定投入、久久为功。

转型四：从以"黄箱"为主转向加大"绿箱"支持力度。我国农业已经深度融入国际市场，农业支持政策调整必须符合世贸组织规则，与国际接轨。从发达国家的实践看，将农业支持与农业生产脱钩，将属于"黄箱"政策的农业补贴逐渐调整为农民收入、风险管理、资源环境保护等"绿箱"支持政策，是农业支持保护政策调整的重要趋势。目前，我国"黄箱"政策支持还有一定空间，"绿箱"政策利用还很不充分，有进一步可以利用的国际规则空间，与发达国家相比也有较大差距。基于当前我国农业发展的实际，在短期内还不能大幅削减"黄箱"政策，应该以调整改进为主，进一步用足用好。同时，推进"黄箱"政策向"绿箱"政策适时转换，扩大"绿箱"支持政策实施规模和范围，加大对耕地地力保护、农业科研、自然灾害救助、环境保护、农业基础设施建设等的支持力度。

三　织密农村社会保障安全网

社会保障制度是社会的"安全网"，是保障和改善民生、维护社会公平、增进人民福祉的基本制度保障。我国是一个人口大国，农村人口占很大比重，建立和完善农村社会保障体系，织密农村社会保障安全网，让广大农民能够得到更可靠更充分的保障，不仅是推进农民农村共同富裕的需要，对维护整个社会的稳定也具有重要意义。

（一）农村社会保障从无到有

新中国成立之初，为改变缺医少药的状况，一些地区的农民开始探索一种互助性质的医疗形式，即合作医疗。这一制度适合当时农村实际，受到普遍欢迎并发展较快。到 1976 年，全国农村约有 90%的行政村实行了合作医疗保健制度。改革开放以后，"一大二公，队为基础"的社会组织形式解体，农村合作医疗出现严重萎缩。到 20 世纪 80 年代末，继续坚持合作医疗的行政村仅占全国的 4.8%。

合作医疗制度衰退，导致大部分农民看不起病，"因病致贫""因病返贫"现象不断发生。针对这种情况，1996 年 12 月召开的全国卫生工作会议，把恢复、发展和完善农村合作医疗制度作为一项重要任务提出。1997 年中共中央、国务院印发《关于卫生改革与发展的决定》，明确提出积极稳妥地发展和完善合作医疗制度。但是，由于当时农村经济发展水平整体落后，政府对农村医疗卫生投入不足，农民合作医疗参保率不高。基于此，2002 年，中共中央、国务院印发《关于进一步加强农村卫生工作的决定》，提出逐步建立新型农村合作医疗制度（以下简称"新农合"），到 2010 年要基本覆盖农村居民。

随着经济社会快速发展，由于城镇居民基本医疗保险和新农合两项制度存在分割、重复参保、重复投入、待遇不够等问题突出。在总结部分地方探索实践经验的基础上，2016 年 1 月，国务院出台《关于整合城乡居民基本医疗保险制度的意见》，提出整合城镇居民基本医疗保险和新农合两项制度，建立统一的城乡居民基本医疗保险制度。两项制度整合后，城乡居民不再受城乡身份的限制，而是参加统一的城乡居民医保制度，按照统一的政策参保缴费和享受待遇，更加公平地享有基本医疗保障权益。

除了医疗问题外，养老问题也一直是农民最关心的问题之一。为了解决农村居民"养老不犯愁"的问题，我国农村养老保险制度在改革中逐步形成与发展。改革开放以来，随着农村经济体制的变革，社队集体养老向农村家庭养老回归。但是，随着农村家庭结构变化，家庭养老功能不断弱化，基于此，20世纪80年代中期我国开始探索建立农村养老保险制度。1986年10月，民政部组织召开"全国农村基本生活保障工作座谈会"，明确要求建设农村社会养老保险制度，并决定在经济条件允许的地区发展农村养老保险。1992年民政部制定《县级农村养老保险基本方案（试行）》，明确坚持社会养老保险与家庭养老相结合，资金个人缴纳为主、集体补助，国家予以政策扶持。这一制度往往被称为"旧农保"，后因客观条件制约而陷入衰退、停顿状态。

面对"旧农保"发展困境，改革"旧农保"势在必行。2006年《劳动和社会保障事业发展"十一五"规划纲要》提出要按照城乡统筹发展的要求，探索建立与农村经济发展水平相适应、与其他保障措施相配套的农村社会养老保险制度。同年，劳动和社会保障部在全国范围内选取了8个县开展新型农村养老保险（"新农保"）试点。2009年9月国务院颁布《国务院关于开展新型农村社会养老保险制度试点的指导意见》，试点覆盖面为全国10%的县（市、区、旗）。此后，"新农保"参保率、覆盖率快速增长，大量农民被纳入养老保险体系。由于"新农保"与城镇职工基本养老保险（"城居保"）比较类似，2014年2月，国务院下发《关于建立统一的城乡居民基本养老保险制度的意见》，将新农保和城居保两项制度合并实施，在全国范围内建立统一的城乡居民基本养老保险。

"新农保"和"城居保"合并实施后，城乡居民基本养老保险基础养老金最低标准不断调整，从过去的55元/月提高到2015年的70元/月，2018年又提高到88元/月。提高标准所需资金，中央财政对中西部地区给予全额补助，对东部地区给予50%的补助。到2020年，我国城乡居民基本养老保险月人均待遇水平约为170元。

为了给收入难以维持最低生活的农村贫困人口提供保障，20世纪90年代，一些地方在定期定量救助制度的基础上，开始进行农村低保制度的探索。2002年党的十六大提出"有条件的地区探索建立农村低保制度"后,特别是党的十六届五中全会提出建设社会主义新农村后,农村低保制度迅速在全国各地推广开来。2007年,国务院印发《关于在全国建立农村最低生活保障制度的通知》,决定在全国建立农村最低生活保障制度。同年底,全国31个省、区、市的所有涉农县(市、区)都出台了农村低保政策,普遍建立和实施了农村最低生活保障制度。目前,农村因病残、年老体弱、丧失劳动能力和生存条件恶劣等原因造成生活常年困难的家庭都得到了有效的保障,并且最低生活保障标准也不断提高。到2020年,全国农村最低生活保障对象3621.5万人,农村最低生活保障平均标准为每人每年5962.3元。

近年来,我国农村社会养老、社会医疗和社会低保等农村社会保障制度逐步完善,正向全覆盖、保基本、多层次、可持续的目标迈进。截至2021年底,全国54797万人参加城乡居民基本养老保险,101002万人参加基本医疗保险,3474万人享受农村居民最低生活保障制度,438万人享受农村特困人员救助供养。①

(二)提供更可靠、更充分的保障

作为民生保障安全网,农村社会保障使无收入、低收入以及遭受各种意外灾害的农民有了生活来源,保障了他们的基本生存权,消除了他们的后顾之忧。然而,对农村居民而言,目前看似生活在土地保障、家庭保障、集体保障、社会保障等层层保障网之下,但这张安全网并不牢固,与现实需求还存在一定差距。同时,城镇化发展、人口老龄化等对农村社会保障的可持续带来较大挑战。

比如,随着城镇化的推进,人口从农村向城市进一步集聚,对社会保障制度如何适应人口向城镇流动的发展趋势提出了新的要求,迫

---

① 《2021年国民经济和社会发展统计公报》,2022年2月28日。

切需要统筹考虑城乡养老保险制度的发展和衔接;[①] 同时，市民化进程滞后，大量农业转移人口享受的社会保障等公共服务不均等问题日益凸显。

相比而言，人口老龄化带来的挑战则更为严峻。近年来，我国人口老龄化进程明显加快，农村人口老龄化问题尤为突出。第七次全国人口普查数据显示，全国60岁、65岁及以上老人的比重分别为18.7%、13.5%，与2010年第六次全国人口普查相比，两者分别上升了5.44个、4.63个百分点。另据国家卫健委发布的2020年度国家老龄事业发展公报，农村60岁、65岁及以上老人的比重分别为23.8%、17.7%，比城镇分别高出7.99个、6.61个百分点。

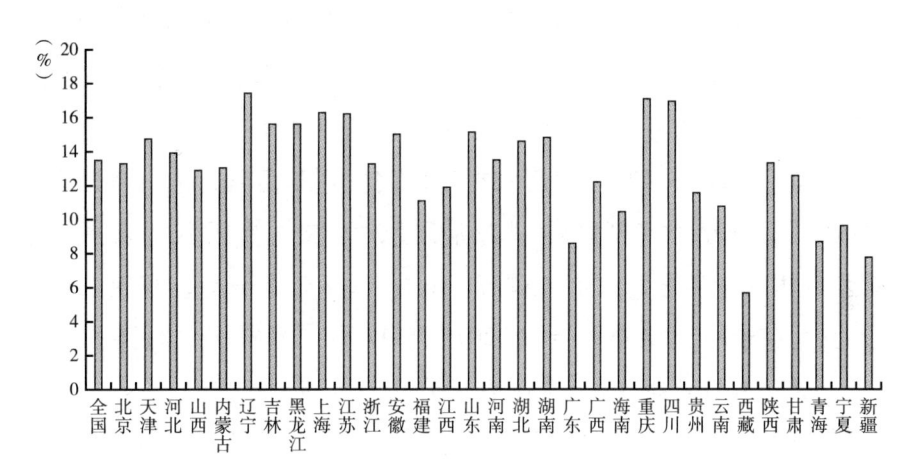

图8-4 2020年全国各地区65岁及以上人口占总人口比重

数据来源：第七次全国人口普查公报（第五号）。

人口老龄化对农村养老、医疗等都带来较大压力，服务供给、养老保障等承载能力不足、衔接不畅等问题越来越凸显，"留守老人"

---

① 中共人力资源和社会保障部党组：《进一步织密社会保障安全网》，人力资源和社会保障部网站（http://www.mohrss.gov.cnl），2022年4月16日。

"失能失智老人"的照护问题成为重大难题。

要有效应对城镇化、人口老龄化等带来的挑战，就需要充分研判未来我国城乡人口结构、人口老龄化等发展趋势，加快探索适应社会人口流动需求的城乡统筹的社会保障政策，健全城乡居民基本养老保险待遇确定标准和基础养老金调整机制，将农村社会救助纳入乡村振兴战略予以统筹谋划，进一步织密农村社会保障安全网，为广大农民提供更可靠、更充分的保障。

加强农村社会保障，主要依靠政府力量，同时也需要发挥以市场和社会为主导的补充保障作用，从而形成合力。近年来，一些地区出现的农村互助养老模式就是有益的探索。

互助养老模式是一种通过邻里互助、亲友互助、志愿者组织、市场参与等实现低偿、公益性的农村养老服务供给模式，具有低成本、可持续、灵活性的特点，是邻里守望相助的典型体现。

例如，上海市奉贤区利用农村地区闲置宅基房屋，进行基础设施"再改造"，创建了宅基睦邻"四堂间"，为农村社区老年人搭建起"就餐、休闲、学习、议事、调解、娱乐"等功能平台，实现农村老年人乡里乡亲的"快乐养老"。2019年12月，奉贤区农村睦邻"四堂间"成功入选首批18个全国农村公共服务典型案例。

全国类似上海奉贤睦邻"四堂间"的互助养老组织越来越多，像浙江安吉的"银龄互助服务社"、福建古田的"互助孝老食堂"等，虽然名称不同，但本质相近，这些互助组织在照护、餐食、教育、精神各个层面为农村老年人搭建起互助网络，具有现实意义和推广价值。2021年11月，中共中央、国务院印发的《关于加强新时代老龄工作的意见》提出，结合实施乡村振兴战略，加强农村养老服务机构和设施建设，鼓励以村级邻里互助点、农村幸福院为依托发展互助式养老服务。

不容忽视的是，农村互助养老在发展过程中也存在资金来源有限、群众信任度不高、服务规范化不足等问题,需要健全互助养老的政策法规,从土地使用、税费减免、财政补贴、管理培训等方面加大支持力度,进一步完善农村互助养老服务体系。

四 积极调动社会多元力量

涓流共汇,足以涌成江河;绵力齐聚,定能众志成城。推动实现农民农村共同富裕是一项长期性、复杂性工程,政府的作用固然不可或缺,但也不能完全依赖政府,需要凝聚社会各界的强大合力。

(一)让慈善力量涌动乡村

扶贫济困、积德行善的慈善传统,是中华民族世代相承的优秀精神品质。我国慈善事业历史久远,既有官府举办,也有民间举办。古代慈善设施,许多都以"义"字当先,如义仓、义庄、义学等。[①] 比较有名的有宋代范仲淹创建的义庄。晚年,范仲淹捐献了毕生大部分积蓄,在家乡苏州购置良田千余亩,面向同族人设立义庄。义庄赡济的内容几乎涵盖了族人现实生活中的所有问题,包括口粮、衣料、嫁娶费用、丧葬费、科举费,此外还有义学、房屋借居、借贷等。赡济对象主要是居住于本乡的族人,不分贫富,一视同仁。在传统社会中,慈善发挥了安老助孤、扶贫济困的积极作用,但其发展也受到了经济、社会、文化等方面的诸多限制。

改革开放以来,我国慈善事业发展较快,以慈善组织为中坚的各类慈善力量不断发展壮大,各类慈善活动日趋踊跃。《慈善蓝皮书:中国慈善发展报告(2021)》显示,到2020年全国社会公益资源总

---

① 罗慕赫:《公义当先 仁爱为民 中国古代的慈善事业》,《中国纪检监察报》2021年8月27日。

量预测为4100亿元，其中，社会捐赠总量为1520亿元，彩票公益金总量为959.84亿元，志愿者服务贡献价值折现为1620亿元。但是，从经济社会发展需求来看，与发达国家相比，我国慈善组织的数量、质量和结构都存在一定差距，未来还有很大的发展空间。

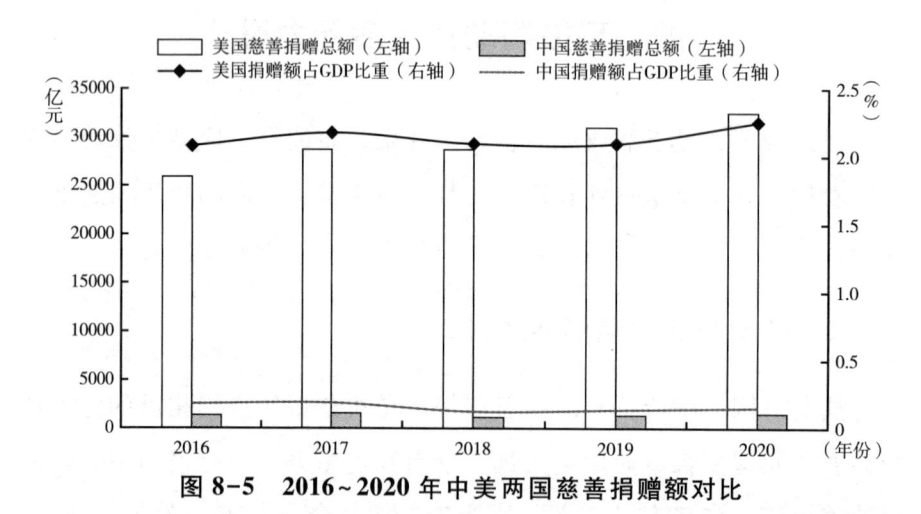

图 8-5　2016~2020年中美两国慈善捐赠额对比

数据来源：美国捐赠额数据来自《Giving USA 2021：2020年度美国慈善捐赠报告》；中国慈善捐赠额来自《慈善蓝皮书：中国慈善发展报告（2021）》；汇率、GDP等数据来自世界银行。

慈善事业作为我国社会保障体系的有力补充，对缓和社会矛盾、稳定社会具有重要的作用，是推进实现共同富裕中不可忽视的重要力量。党的十九届五中全会提出，要"发挥第三次分配作用，发展慈善事业，改善收入和财富分配格局"，明确了慈善事业在第三次分配中的社会功能，为慈善事业赋予了新的历史使命、提出了更高的要求。

慈善对于乡村发展而言十分重要。凡是慈善事业做得好的乡村，村民生活过得更好，崇尚文明、乐善好施的社会风气也更为浓厚。在脱贫攻坚过程中，慈善力量发挥了不可或缺的作用。当前，推进乡村全面振兴，促进农民农村共同富裕，依然要发挥好慈善的力量。

有效动员慈善力量广泛参与农民农村共同富裕事业,既要积极培育和发展慈善组织,加强对慈善组织和慈善活动的监督和管理,也需要完善激励制度。2022年5月,国家税务总局发布支持乡村振兴税费优惠政策指引,其中,针对鼓励社会力量加大对乡村振兴的捐赠力度有专门的激励政策,包括企业符合条件的扶贫捐赠所得税税前据实扣除,符合条件的扶贫货物捐赠免征增值税,个人通过公益性社会组织或国家机关的公益慈善事业捐赠个人所得税税前扣除,境外捐赠人捐赠慈善物资免征进口环节增值税。从激励力度和范围看,其还有进一步优化的空间,需要通过强化社会道德舆论、名誉奖励、税收等,形成完善的激励体系,让慈善力量涌入乡村,促进慈善事业与社会救助的有效衔接和功能互补,编密织牢农村基本生活安全网。

(二)讲好乡贤故事

乡贤,原意是指本乡本土品德、才学为乡人推崇和敬重的人。乡贤文化深深扎根于我国传统文化之中,发挥着教化乡民、反哺桑梓、泽被乡里的积极作用。随着社会发展和时代变迁,乡贤指代的范围逐渐扩大。进入新的历史阶段,乡贤演化为新乡贤。关于新乡贤的概念,目前并没有统一说法,一般是指有德行、有才华,在乡民邻里间威望高、口碑好,愿意为家乡、社会作出贡献的人。这些人可能是退休的政府官员、贤人志士,也可能是农村的优秀基层干部、家乡的道德模范、在外或返乡企业家,等等。

不同于古代社会的乡贤,新乡贤的地位作用、传递的价值观念、负担的历史使命都发生了变化。新乡贤作为传统与现代、乡村与城市的重要纽带,是推进乡村振兴的重要力量。

推进乡村全面振兴,人才是关键。要引导新乡贤参与乡村建设,补齐乡村人才短板,就需要创造更好的条件,营造更好的环境。鼓励、支持新乡贤通过下乡担任顾问智囊、投资兴业、行医办学、捐资捐物、提供法律服务等方式推动家乡发展，引导新乡贤参与乡村治理，为乡村振兴献计献策。

同时，加强宣传引导，开展典型宣介，挖掘和弘扬乡贤故事。首先，要挖掘"古贤"。通过整理编纂文史资料、文献书籍，举办专题讲座，开展学术交流等方式讲好历史故事，营造良好的文化氛围。其次，要歌颂"今贤"。官方的褒扬倡导从精神层面肯定了乡贤的价值。鉴古知今，新乡贤参与家乡建设，很多是基于精神层面的追求，可以评选先进模范人物、设立"乡贤馆"、通过各类媒体进行宣传等，用舆论的肯定来激发各类新乡贤的动力。

第九章　国内探索：
农民农村共同富裕经验镜鉴

"土墙房、半年粮，有女莫嫁下姜郎。"曾经的"穷山沟"蜕变成"绿富美"乡村，浙江淳安县下姜村向我们展示，实现富裕并不是一个遥不可及的梦想，幸福生活都是奋斗出来的，共同富裕要靠勤劳智慧来创造。从美丽环境到美丽经济、美丽乡村，下姜村的发展实践，是浙江扎实推进"千村示范、万村整治"工程的成果。2018年9月，以下姜村为代表的浙江省"千村示范、万村整治"工程荣获联合国最高环境荣誉——"地球卫士奖"。下姜村只是全国诸多村庄的一个典型，随着全面推进乡村战略的实施，越来越多的乡村正在加快探索各具特点的共同富裕道路。

一　乡村经济高质量发展促共富

共同富裕既是发展问题又是分配问题，但高质量发展是前提。推进农民农村共同富裕，必须解决农村发展不充分、城乡发展不平衡问题，将蛋糕越做越大，部分地区做了一些有益探索。

（一）农文旅融合，唱响乡村"美丽经济"

桐乡市地处浙北杭嘉湖平原腹地，位于上海、杭州、苏州黄金三角中心位置。2021年，桐乡市农村居民人均可支配收入达到43709元，[①] 城乡居民收入倍差为1.56，较全国城乡居民收入倍差2.50低0.94个点；较浙江省城乡居民收入倍差1.94低0.38个点。城乡收入差距大幅缩小的背后，是乡村经济发展水平快速提升。

桃园村位于桐乡市东南部，村辖面积3.3平方公里。该村因种植千年名果槜李而出名，有2500多年的槜李栽培历史，被称为"槜李之乡"，是全国"一村一品"示范村、中国美丽乡村百佳范例、浙江省AAA级旅游景区村庄。近年来，该村依托槜李，积极发展槜李深加工、乡村旅游、研学等领域，促进一二三产业融合发展，实现了产业增值、农民增收。

桃源村将槜李文化深度融入村落景观，通过改造农户庭院、修葺仿古围墙、美化道路河道、完善旅游标识系统等，村落文化旅游气息日渐浓厚；同时，通过实施数字化槜李堂、悦水民宿、江南越剧馆、桃李满园研学基地、江南茧画艺术博览院等项目，引入皮划艇、民宿、餐饮、野炊等旅游业态，形成了"槜李+文化+旅游"的农文旅融合发展新业态。该村每年举办"桐乡槜李文化节"，开展"槜李+"研学活动，开发了以槜李为主题的系列文创产品、深加工产品，如槜李盲盒、槜李汽水、槜李精酿啤酒、槜李冰激凌，带动了本村和周边地区村民增收致富。2021年，桃园村累计吸引到访游客15万人次，旅游收入突破1000万元。

位于桐乡市屠甸镇西南的汇丰村，是另一个依托美丽乡村建设开展村庄经营、发展美丽经济的典型。该村是"于谦故里"，曾获评全国民主法治村、省级美丽乡村特色精品村、3A级景区村庄，入选2021年中国美丽休闲乡村名单。汇丰村通过整合利用各级政府支持资金，打造康馨文化园文旅平台，形成集科普、教育、游览、餐饮等

---

① 数据来源：桐乡市政府公开信息。

功能于一体的景区。同时，汇丰村在康馨文化园打造了一座拥有170多个室内场景、40多个室外场景的欧式风格婚纱影楼，成为浙江最大的婚纱摄影基地。凭借便利的公路、高铁系统，成功吸引了嘉兴、杭州、上海等地的消费者。汇丰村通过"村庄经营"，使乡村独有的生态价值、情感价值、资源价值、空间价值得以彰显和转化，仅康馨文化园年均门票收入就达150万元左右，带动周边农家乐收入70万元，在壮大农村集体经济的同时，带动了村民增收致富。

（二）品牌强农富农，发展"五彩农业"

缙云县地处浙江省中南部丘陵山区，位于丽水北部，素有"九山半水半分田"之称。全县共有253个行政村，大部分村镇区位差、基础弱，2016年省定集体经济薄弱村有116个，占比接近46%。近年来，缙云县聚焦破解山区城乡收入差距大、农业产业能级低、农民增收难等问题，县、乡、村三级联动，跨山统筹、产业兴农，大力培育"五彩农业"地理标志（"两黄"缙云烧饼、缙云黄茶，"两白"茭白、缙云爽面，"一红"杨梅，"一灰"缙云麻鸭，"一黑"梅干菜），走出了一条在高质量发展中促进农民增收致富的路子。

2021年，缙云县实现地区生产总值（GDP）273.93亿元，排名丽水市第二名。全县常住居民人均可支配收入39927元，其中，城镇常住居民人均可支配收入52264元，农村常住居民人均可支配收入26422元，城乡居民人均可支配收入比值为1.98。全县总收入20万元且经营净收入10万元以上的村达到241个，占行政村总数的95.3%。

前路乡是缙云县的一个典型山区农业乡镇，也是革命老区乡镇。在区位条件和资源禀赋都不具备优势的情况下，前路乡利用"跨山统筹"这把金钥匙，通过流转整合耕地、集中统一种植经营、推进一二三产业融合发展等方式，实现了富民增收。前路乡也从一个偏远乡镇一跃成为全县美丽乡村示范乡镇，被评为国家级生态乡镇、浙江省生态精品农业之乡。

前路乡通过整合土地资源，将村民的责任山、自留山流转至村集体进行统一开发，再由村集体统一发包，由承包者统一开发利用，大力发展高山生态水稻、茭白、黄茶、高山油茶等特色农产品，推出了"前路山纯"绿色生态产品品牌，并通过强村公司线上线下同步销售，促进了农民增收，让农民实实在在地获得了收益。

为了夯实乡村产业发展基础，前路乡历时三年建成"一网多乡"集中供水项目，不仅破除了过去高山水稻水源难以保障、新开垦旱改水土地无人种植的困境，让全乡和周边乡镇1.4万人喝上了放心水，而且通过强村公司运营，2021年供水运营收入达到46万元，所得利润分配给各村集体，让"生态水"变成"致富水"。

为提升美丽乡村建设的影响力，前路乡以水稻为媒，推进一二三产业融合发展，利用高山生态水稻种植打造大规模梯田风景，成功举办五彩水稻节、螃蟹运粮、摸石头过河等农民运动会，吸引了众多游客，走出了一条别具特色的乡村振兴道路。

（三）村企共建，以工促农、以企兴村

与桃源村、汇丰村一样，全国不少乡村通过产业融合发展走上了致富路，不同的是这些村主要依托企业、通过工业带动农业发展起来，山东省滨州市西王村就是"以企兴村"的典范。

30多年前的西王村，泥巴路、土坯房、苦井水，与鲁北平原上其他的小村庄没什么两样。当时的西王村人均不足两亩地，家家户户以种地为生，只能够满足温饱，村里几乎没有集体资产。如今的西王村，一跃成为拥有4家境内外上市公司、总资产600多亿元的中国企业上市第一村、全国经济强村，农民家家住楼房、户户有轿车。

20世纪80年代，国家放宽了对农村发展工商业的限制，全国乡

镇企业"异军突起",农村能人纷纷加入创业队伍。1986年,刚当选村党支部书记的王勇将自己经营的价值20万元的面粉厂捐献给村集体,其他党支部成员也发挥带头作用,集资创建村集体企业。在村党委带领下,西王村从村办企业——西王油棉厂起步,走上了以企兴村、以工促农的发展道路。随后,西王村又相继建成了轧花、脱绒车间,投资建立了一个年产3000吨的玉米淀粉厂。

1992年,西王村组建邹平县西王实业总公司,数年之后,发展为西王集团。经过扩建和延长产业链,西王集团打造了国内链条长、产品附加值高的玉米深加工全产业链,形成了国内最大的淀粉糖生产基地、玉米油生产基地,药用葡萄糖在国内的市场份额达85%,葡萄糖产量约占国内葡萄糖市场的半壁江山。经过数十年的发展,西王已经由一家小型村办企业发展成为以玉米深加工和特钢为主业,投资运动营养、物流、金融、国际贸易等领域的全国大型企业。

在做大做强村办企业的同时,西王村实行"村企一体"发展模式,将企业的利润拿出来用于村庄建设。早在1991年西王村就实施了第一期建设规划,家家户户住上了公寓式楼房,现代化的家具、家电一应俱全。2007年,西王村实施了新村二期工程,建设了西王新村(社区),配套了高标准的学前教育中心、卫生室、图书馆、健身广场、老年活动中心、老年公寓。西王人从出生到上学、参加工作、退休养老都由村集体统一负责,形成了贯穿一生的福利保障体系。村民不仅在企业获得稳定工资收入,还可从企业领取分红,人年均纯收入超过10万元。

西王村通过村企共建模式,走出了一条独具特色的乡村振兴之路,也因此获得"全国民主法治示范村""全国生态文化村""全国美丽宜居村庄""全国农村幸福社区建设示范单位"等诸多荣誉称号。

二 先富带后富

农民农村共同富裕不是所有农民、所有的乡村都同时富裕，在时间上必然会有先有后。先富群体、地区对还没富裕起来的群体、地区进行扶持，建立发展共同体，实现互利共赢，对此，部分地区做了有益的探索。

（一）强村帮弱村，打造"共同富裕联盟"

横坎头村位于浙江省余姚市西南部，有"浙东红村"的美誉，曾是浙东抗日根据地指挥中心，村内有中共浙东区委旧址、浙东行政公署、浙东抗日军政干校、浙东银行等旧址。21世纪初，横坎头村还只是一个交通闭塞、房屋破旧、村民收入较低的贫困村。过去20年来，横坎头村通过利用红色资源，探索红色旅游，壮大特色农业，发展成为远近闻名的小康村，获得全国文明村、全国乡村治理示范村、中国美丽休闲乡村、国家森林乡村等诸多荣誉。到2020年，横坎头村人均收入由不到2700元大幅增长至40228元，村集体由负债45万元转为集体收入1020万元。

除了横坎头村，在四明山腹地，还有不少村庄囿于自然条件、资源禀赋等限制，发展缺乏门路，村集体经济薄弱，农民增收比较困难。如何从"一枝独秀"变为"百花齐放"，成为摆在梁弄镇各级干部面前的一道考题。

"共同富裕才是真正的富裕，横坎头发展得好，我们更要带动大家一起发展。"横坎头村通过与周边几个村镇和企业的不断沟通，建立了共建共享、联管联育、互补互促的红村党建联盟，借助红色旅游的吸引力，由横坎头村牵头打造了全域旅游线路，带动周边村企共享红色资源。具体来说，横坎头村在吸引到游客后，会将餐饮、民宿等部分订单与"联盟"各村共享，实现"有生意大家一块做，有项目各村一起推进"。比如，汪巷村是党建联盟的一员，距离横坎头村的车程不到5分钟。四五月到横坎头村游客较多，村党委会向游客宣传汪巷村的进士文化，促进旅游经济共同发展。

秉持"先富带后富、区域共同富"理念，2021年8月，余姚市在梁弄镇组建了"横坎头红锋共富联盟"，并同步成立了共富联盟党委。联盟按照资源互补、优势共享的经营理念，采用"1+5+3"模式，以横坎头村为核心，吸纳周边汪巷村、甘宣村、白水冲村、贺溪村、横路村等5个村为主要成员，引领带动让贤村、岭头村、东山村等3个村共同发展。为了更好地推动区域融合发展，还成立了余姚市横坎头红锋共富联盟区域发展有限公司，突破行政村区域边界进行公司化、规模化运营，有效整合了区域资源，促进了集体经济发展和农民增收。

一村富不算富，村村富才是富。在浙江，这种组建"共富联盟"实现强村帮弱村、富村带穷村的例子并不少见，比如，在宁波市奉化区，滕头村牵头成立了由党建引领的乡村振兴经济联合体，推动周边村组团式发展，如青云村以古村为特色，塘湾村发展草莓基地，形成了以滕头为圆心的生态休闲旅游综合体。台州市黄岩区筛选出40个"党建强、发展强"的行政村，与40个集体经济薄弱村结成帮扶关系，围绕干部互派、村村共建、村社协作等项目开展实效帮带行动，帮助相对薄弱村打造优质集体经济提升项目。

（二）山海协作，念好当代"山海经"

2001年在浙江省扶贫暨欠发达地区工作会议上首次提出山海协作工程，并于2002年正式实施。山海协作是一种形象化的提法，"山"主要是指以浙西南山区和舟山海岛为主的欠发达地区，"海"主要是指沿海发达地区和经济发达的县（市、区）。山海协作的目的，就是通过"山"与"海"的对接，缩小地区间发展差距，促进区域协调发展。

杭州市余杭区与衢州市柯城区是浙江省最早一批山海协作结对区（县、市），两区发挥各自优势，借助"山"的特色、"海"的优势，着力打造"乡村振兴共同体"，积极探索乡村协同发展的"共富经"，结出了丰硕的果实。其中，余东村"画"出未来乡村共富图景。

余东村是一个有着50多年农民画史、以画闻名的村庄。近年来，余杭区以山海协作为纽带，在余东村开展以文促旅、以旅带农的探索，完善村内基础设施，发展农民画产业。围绕余东村的一幅画、一篮菜、一盏茶、一棵树、一碗面、一口窑等"六个一"产业，以余东村为中心，打造辐射周边4个村庄——斗目坽村、碗窑村、碗东村、五十都村的乡村振兴联合体，帮助这些村庄走出了一条共同富裕的"未来艺术乡村"之路。成为浙江省首个以农民画为特色的旅居型未来乡村，入选中国十大最美乡村，获评全国美丽宜居示范村、全国首批十大农民画画乡、浙江省美丽乡村美育村等。2021年，余东村农民画及文创产品产值超过3000万元，带动农村人均增收5500余元，村民人均纯收入达到4.03万元。

余东村以农民画为主，而旁边的碗窑村则以烧瓷为生。碗窑村因烧窑制碗得名，有着几百年的土法制碗历史。碗窑村依托结对帮扶，以创建山海协作乡村振兴示范村为目标，将农民画与陶瓷相结合，凸显"画瓷"特色，活化古窑故事、美化人居环境，将闲置农房盘活改造成陶艺研学基地和"柿子树下"咖啡馆，开设碗窑直播室售卖陶瓷产品，吸引"沉浸式体验"剧本杀、小火车等项目进驻碗窑村，创新开展"我在碗窑有面墙"3D墙绘广告位活动，将村庄建设成集陶艺设计、制作、观赏、体验、销售于一体的"浙西画瓷第一村"，成为农文旅融合发展的未来乡村。2021年，全村集体经济经营性收入达到30万元。

余东村的农民画产业、碗窑村的窑瓷产业等都是山海协作"乡村振兴共同体"项目的重要组成部分。"山"呼"海"应,不是简单的输出与接纳,而是将"山"的特色与"海"的优势有机结合,走出的一条互动式"造血型"双赢发展路子,形成了乡村协同发展的"共富经"。

(三)先富带后富,小螃蟹大产业

共同富裕既不是所有地区同时达到一个富裕水准,也不是所有人都同时富裕,不同人群实现富裕的时间有先有后、程度也有高有低,是一个先富带后富、帮后富,逐步实现共同富裕的过程。在南京高淳农村地区,就有一位带领10万农户走上共富路的典型代表——邢青松。

通过螃蟹标准化养殖、品牌化经营,邢青松成为当地第一批富起来的人。他吃水不忘挖井人、致富不忘众乡亲,通过专业合作社、合作联社等组织形式,有力破解农业风险大、农产品附加值低等难题,将小螃蟹做成了能赚钱、有奔头的大产业,带动南京、苏州、无锡、常州、泰州5市的螃蟹养殖、销售等产业链上约10万农户迈上共同富裕的道路。

邢青松是全国劳动模范、全国优秀共产党员和全国科普惠农兴村带头人,也是带富为民的"螃蟹书记"。早年通过螃蟹标准化养殖、品牌化经营,邢青松成为当地第一批富起来的人。"一人富不算富,乡亲们一起富才是真的富。"2008年,邢青松把分散的螃蟹养殖户组织起来,成立了青松水产专业合作社,实行统一技术培训、统一苗种引进、统一质量标准、统一产品收购、统一品牌销售。2010年建立江苏省第一个跨省域的水产合作联社,涉及南京、苏州、无锡、常州、泰州5个市。此后,联社发展成覆盖20多家成员合作社、3000多个螃蟹养殖户的国家农民合作社示范社。2021年,合作联社销售总额达到 5.98 亿元。①

"五个统一"的运营模式,让螃蟹卖出了好价钱。但是,随着规模、产量的快速增长,螃蟹养殖的风险也在增加。为了避免丰产不丰收风险,邢青松带领联社制定保护价收购机制,推出螃蟹保险,成为水产类保险的"全国第一单",螃蟹价格行情好时,社员养殖的螃蟹随行就市;螃蟹市场低迷时,联社以每斤高于市场 10%~15% 的价格进行收购。2016~2018 年,螃蟹价格低迷,联社通过保护价收购,让养殖户平均每户增收 1 万多元。

联社发展壮大后,如何让村集体经济发展起来,也是邢青松一直思考的问题。2019 年,上级党组织响应群众期盼,推荐邢青松担任茅城村党总支书记。上任后,他以全省"万企联万村、共走振兴路"行动为契机,成立了江苏青松生态农业科技发展有限公司,在茅城村建成 5000 亩高效水产生态养殖基地,让村集体获得稳定收入。2020 年,茅城村集体收入从 2018 年的 317 万元增长到 632 万元,村民平均年收入增加 4655 元。

三 改革促共富

推进农民农村共同富裕是一个长期复杂的过程,涉及乡村的方方面面,必然需要高效的制度安排。一些地区依托农村改革优化推动共同富裕的制度供给,取得积极成效,值得总结推广。

(一)深化"新土改",土地红利带来山乡巨变

土地是财富之母、农业之本、农民之根。长期以来,我国农村土地的生产功能和保障功能得到有效发挥,但财产功能并没有得到充分

---

① 《"三共理念",蹚出"先富带后富"新路径》,《南京日报》2022 年 5 月 23 日。

实现，这与过去二元分割的土地制度是分不开的。为了赋予农民更多财产权利，更好地保护农民合法权益，2015年1月，中办、国办联合印发《关于农村土地征收、集体经营性建设用地入市、宅基地制度改革试点工作的意见》，在全国33个县（市、区）部署农村土地制度改革试点工作。浙江省德清县就是试点之一。经过多年持续的试点探索，德清县的土地制度改革领全国之先，成为全国农村土地改革创新的一面旗帜。

在农村集体经营性建设用地入市方面，德清县围绕"谁来入市""哪些地可入市""怎么入市""入市后的收益如何分配"等核心问题，在明确入市主体和入市对象、建设城乡统一的土地交易市场、建立土地增值收益分配机制等方面进行深入探索，成功创造了入市第一宗、登记第一证、抵押第一单三个"全国第一"。

自2015年完成全国第一宗农村集体经营性建设用地入市以来，截至2020年底，德清农村集体经营性建设用地入市累计255宗，面积2042.7亩，入市成交额6.03亿元，集体收益4.82亿元，惠及农民22余万人。农村集体经营性建设用地入市得到供地项目企业、土地集体组织、农民群众等社会各界一致认可，与国有土地实现了"同权、同价、同责"。

在农村宅基地制度改革方面，德清通过"理清一户一宅、保障户户有宅、管好宅宅法定、创新显化物权"，探索创新显化宅基地和农房财产性权益，出台了全国第一个基于"三权分置"的宅基地管理办法。2018年6月，德清县向莫干山镇劳岭村村民和民宿业主分别颁发了宅基地资格权登记卡和不动产权证，实现了在全国农村土地制度改革试点地区首次颁发农村宅基地"三权分置"不动产权登记证，让农户和民宿业主都吃上了"定心丸"。2020年12月，德清县又在全国新一轮农村宅基地制度改革试点县（区）中率先颁发农村宅基地农户资格权登记证，进一步强化了对农户合法权益的保护。

结合宅基地制度改革，德清正在大力推进闲置农房和闲置宅基地盘活利用，使农村"资源变资产、资产变资金"，努力提高农民财产性收入。为此，专门制定了《德清县闲置农房与闲置宅基地盘活利用实施方案》《德清县农村宅基地及农房流转盘活办事指南》《德清县"万幢（套）农房盘活工程"三年行动计划（2022—2024年）》，开展"盘活一套农房、招引一家企业、带来一批人才、富裕一方百姓""四个一"行动，积极发展数字经济、文化创意等新产业、新业态；同时，建立"宅富通"管理信息系统，实现了农村宅基地申请、审批、监管、巡查、登记、办证、流转和退出全流程数字化管理。

"宅富通"上线仅半年，德清就已盘活闲置宅基地（农房）1339亩、4248户，招引落地项目16个、在谈项目23个，总投资超6000万元，涵盖数字经济、文化创意、咨询服务等十余类新业态，带动农户增收1.1亿元，推动村集体经营性收入年均增长24.3%。[1]

土地领域的一系列改革，释放出了巨大的土地红利，增加了农民收入，促进了城乡融合发展，推动了德清山乡发生巨变。2021年，德清农村居民人均可支配收入达4.3万元，城乡居民人均可支配收入比值为1.61，村均集体经营性收入达到144万元。

（二）"三变改革"，从空壳村到小康村的蜕变

农村集体资产是农村发展和农民富裕的基础。然而，长期以来由于产权归属不清、集体经济组织缺位、经营管理方式落后等，大量农村集体资产处于"沉睡"状态，没有转变为农民的财产净收入。为了探索赋予农民更多财产权利，增加农民的财产净收入，激活农村各类生产要素潜能，一些地区结合农村集体产权制度改革，开展了资源

---

[1] 《"宅富通"让老宅生金》，《浙江日报》2022年7月5日。

变资产、资金变股金、农民变股东"三变"改革的探索,塘约村就是其中的一个典型。

地处贵州省安顺市平坝区乐平镇西北部的偏远山寨塘约村,曾经是一个"村穷、民贫、地荒"的国家二类贫困村。2014年以前,村民人均可支配收入不到3800元,村集体经济不到4万元,30%的土地被撂荒,大部分青壮年外出打工,村庄人居环境差。2014年,在当地党委、政府支持下,塘约村被纳入安顺市农村改革试点村、贵州省农村"三变"改革试点村,开启了对"党建引领、改革推动、合股联营、村民自治"发展模式的探索。

借助改革试点,塘约村率先对全村土地经营权、林权、集体土地所有权、集体建设用地使用权、房屋所有权、小型水利工程产权和农村集体财产权等"七权"进行登记备案、确权颁证、评估认定。全村确权入库耕地4621.56亩,房屋1008宗,集体所有水利工程15宗,集体建设用地8宗,集体财产权共计8处。与此同时,建立村级土地流转中心、股份合作中心、金融服务中心、营销信息中心、综合培训中心和权益保障中心,搭建起以市场化为导向的农村产权交易平台。

在此基础上,塘约村成立了村级金土地合作社,采取"党总支+合作社+公司+农户"的发展模式,组织村民用承包土地入股合作社,实现合股联营、合作生产,经营所得收益按照合作社30%、村集体30%、村民40%的模式进行分成。村集体合作社的组建,为扶贫项目资金发挥造血功能找到了载体,提高了农业规模化程度和农民组织化程度。依托合作社,大力发展规模化特色果蔬种植,同时还组建了劳务公司、建筑公司等企业,创办了旅游公司、文创公司,旅游业从无到有、由小变大。

为了全面激活农村资产,塘约村每年从村集体的利润分红中抽取20%作为村级金融担保基金,引进金融服务入驻塘约村,创新"金土地贷""房惠通""特惠贷"等信贷产品，引导农村经济组织、公司、合作社、专业大户、农户等产权主体进行产权抵押担保贷款，有效破解了乡村产业发展资金瓶颈问题。

塘约村的"三变"改革，不仅活化了农村各类要素资源，增强了农业农村发展的要素保障能力，同时，也促进了集体经济的发展壮大和农民增收致富，村民收入从原来的土地种植收入、务工收入转变为"土地流转收租金、入社参股分红金、基地劳动赚薪金、资源抵押变资金"。塘约村集体经济从2014年以前的4万元提高到2021年的682万元，同时村民人均收入从不足4000元提高到23162元，实现了从省级二类贫困村到小康村的蜕变。

（三）分好"蛋糕"

实现共同富裕目标，首先要通过共同奋斗"做大蛋糕"，然后通过合理的制度安排"分好蛋糕"。一些率先富裕起来的村庄，往往基本公共服务保障水平也比较高，村民在参与村庄事务和分享发展成果方面比较均等。作为全国百强村，广州的槎龙村在实现老有所养、住有所居、壮有所用、病有所医、残有所助等方面就开展了不少探索。

槎龙村地处广州西部流域，位于白云区松洲街，由槎头村和聚龙村两条自然村组成，已经有800年历史。槎龙村土地肥沃，水路交通方便，农耕、商贸、手工业兴旺。从20世纪80年代开始，槎龙村借助改革开放的春风，大力发展第三产业，形成了具有全国影响力的农副产品批发产业集群，集体经济收入稳步增长，在广州市率先发展成为全国百强村。

"做大蛋糕"后村里党员干部就开始思考如何"分好蛋糕"。槎龙村坚持以党建为引领，凝党心聚民心，将集体经济收入按照一定比例分给股民后，其余大部分用于增进民生福祉、完善社会保障、投资长远发展项目。

为了让村民老有所养，槎龙村建成了集住宿服务、膳食服务、医疗服务于一体的16层老人公寓，项目共计提供480套住房，并且每月仅需支付900元。长期以来，村民饱受村容村貌和建筑布局落后、自建房密集无序等问题的困扰，为此，村集体在老年公寓旁边又先后自建了聚龙小区、万龙小区，村里1100户居民搬进了新居，告别了"城中村"阴暗潮湿的"握手楼"，实现了从"有得住"到"住得好"的转变。

为了让村民"治病不犯愁"、享有好医疗，槎龙村创新实行"合作医疗+城镇居民医保"模式，村民每年只需要支付120元就可以参加联社的合作医疗，在广州市医院住院，凭住院单据即可在经济联社报销60%。参与合作医疗的社员村民，只需要缴纳1元的便民服务费，就可以在便民服务站领取3服非处方药。

就业是最大的民生，槎龙经济联社始终把促进再就业、充分就业作为工作重点。近年来，槎龙村在推动批发市场转型升级的同时，先后建成大型商业综合体龙骏广场、槎龙商贸广场，形成了以厂房出租、土地出租、物业管理、批发市场经营为主的业务结构，联社下属公司已发展到30家之多，为返村就业的年轻人提供了大量的工作岗位。同时，联社每年还会下达劳动力就业指标到各经济社、企业，以保证就业人数。

推动共同富裕的过程中，槎龙村在发展壮大集体经济、"做大蛋糕"的同时，也注重"分好蛋糕"，让发展成果惠及每一个村民，走出了一条兼顾发展和公平的道路。

四 经验与启示

推进农民农村共同富裕没有普适路径，不同地区发展基础不同，实践模式也会不一样。即便是已经率先富裕起来的地区，其模式也难言成熟定型，推动共同富裕依然面临挑战。然而，通过剖析这些典型案例，我们依然能够发现一些共性、具有启发意义的做法和经验。

一是党的领导是推进农民农村共同富裕的根本保证。实践表明，做好"三农"工作，办好农村的事情，关键在党。推进农民农村共同富裕，需要发挥好农村基层党组织的政治功能和组织优势。在各地推进农民农村共同富裕的探索实践中，不同地区虽然选择的道路和方式不同，但总可以看到一抹特殊的身影在其中发挥了关键的作用——那就是我们党的基层干部。农村富不富，关键看支部，西王村、横坎头村就是很好的例子。当选党支部书记的王勇将自己经营的价值20万元的面粉厂捐献给村集体，使西王村有了发展的基础，"将支部建立在产业链上，保证每一个厂（系统）都有支部"是西王村党建的一条重要经验，也是西王村党、村、企"三位一体"发展模式的显著特点。黄科威出任横坎头村党委书记后，不仅带领全村一路爬坡过坎，建成了远近闻名的小康村，更是联合周边发展较为滞后的村子，创新组建共富联盟党委，形成了党建引领共同富裕的规模集聚效应，践行了我们党先富带后富、共富路上一个都不能少的诺言。

二是乡村产业振兴是实现农民农村共同富裕的重要根基。推动农民农村共同富裕，既等不来也送不来，需要依靠勤劳创新致富，依托乡村产业高质量发展来实现。当前推进农民农村共同富裕的最大难点在于乡村产业发展普遍还很不充分，实现产业振兴存在不少难点。如何深耕一个产业、造富一方百姓，是推动农民农村共同富裕的必答题。在推动乡村产业振兴过程中，一些地区立足农业、做优农业，农业现代化得以加快推进，托起了村民的"共富梦"。比如，浙江缙云县前路乡作为山区农业乡镇，坚持以绿色为发展底色，大力发展高山生态水稻、茭白、黄茶、高山油茶等特色农产品，走出一条地理标志富农的路子，成为全省生态精品农业之乡。还有一些地区依托农业促进产业融合发展，延伸拓展产业链，让农民分享到更多的产业增值收益。比如，浙江桐乡的桃源村依托槜李，培育形成"槜李+文化+旅游"的农文旅融合发展新生态，带动了本村和周边地区村民增收致富。

三是壮大农村集体经济是引领农民实现共同富裕的重要途径。农村集体所有制作为社会主义公有制的重要组成部分，在推动农民农村共同富裕方面有着其他经济形式不可取代的重要作用。实现农村农民共同富裕，"做大蛋糕"是基础，发展壮大新型农村集体经济又是巩固这一基础的重要手段。实践中，一些地方在搞好统一经营服务、发展多种形式的股份合作上下功夫，实现农村集体经济的发展壮大，如安徽的黄墩村通过联合组建股份经济合作社，依托公司、合作社，形成集生产、收割、烘干、销售于一体的生产链，开展产销一体化的全产业链托管服务。有些地方在盘活用好集体资源资产上积极想办法，也实现了集体经济发展和农民增收致富，比如贵州的塘约村通过开展资源变资产、资金变股金、农民变股东"三变"改革，从一个"村穷、民贫、地荒"的国家二类贫困村蜕变成小康村。

四是深化农村改革是推进农民农村共同富裕的重要动力保障。解决农业农村发展面临的各种矛盾和问题，根本靠深化改革。推动农民农村共同富裕，不论是"做大蛋糕"，还是"分好蛋糕"，深化改革都是重要动力和基本保障。当前我国乡村产业发展要素保障能力不足，资源资产闲置，农民财产净收入增长缓慢，在很大程度上与农村集体产权制度改革、要素市场化配置改革等进展不快有关。实践中一些地区用好试点机遇，在深化农村改革上积极探索，释放出改革富民增收的效应。比如浙江德清县积极探索农村宅基地"三权分置"形式，围绕农村宅基地审批难、服务难、监管难等问题，推动宅基地制度改革数字化突破，"宅富通"上线短短半年，就盘活闲置宅基地（农房）1339亩4248户，带动农户增收超过1亿元。

第十章　国际启示：缩小城乡收入差距的实践

缩小城乡收入差距是实现农民农村共同富裕的核心任务。无论对于发达国家还是发展中国家而言，缩小城乡收入差距都是一个普遍的难题。在现代化进程中，部分国家采取促进农业和农村发展的政策，构建起比较完善的收入分配体系，城乡差距显著缩小，如美国、日本、德国、韩国等。但也有部分国家，由于没有及时调整城市和工业偏向政策，导致农业和农村发展显著滞后，城乡收入差距不断扩大，如巴西、墨西哥、阿根廷等。这些国家的经验教训值得我们深思和警觉。

一　我国城乡收入差距变化

目前我国城乡收入差距主要表现为收入相对差距缩小不快，绝对差值日益扩大，同时，内部居民收入差距分化明显，贫富差距呈现扩大趋势。就城乡收入相对差距和绝对差距问题，前文已有涉及，在此重点聚焦农村内部收入差距。

近年来，我国农村内部收入差距扩大趋势更加明显。2013~2021年，农村20%最低收入人群收入增长了1978元，年均增速6.76%，而20%最高收入人群收入增长了21758元，年均增速达9.19%，最高收入和最低收入人群收入的绝对差距和相对比例都呈现扩大趋势。

具体来看，2014~2016年，我国农村低收入户收入增速明显低于其他收入组别，特别是2014年、2016年，农村低收入户收入增速分别为-3.82%和-2.56%，而同时期其他组别的收入增速均为正。2017~2020年，随着脱贫攻坚深入推进，我国农村低收入户收入增速明显高于其他收入组别。特别是2019年，不同收入组别呈现收入越低增速越高的特征。实现全面脱贫后，2021年农村低收入户相对其他收入组别的增长态势出现反转，其他四组间差异最大仅为1.54个百分点，而低收入户收入增速与次低增速组（中等偏上户）差异达到7.2个百分点。

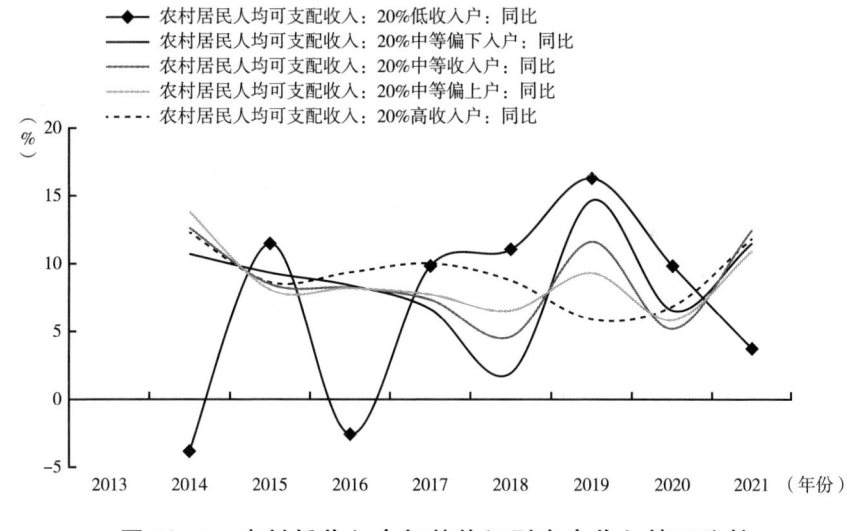

图10-1 农村低收入户与其他组别农户收入情况比较

数据来源：《中国农村统计年鉴》。

同时，考察2013~2021年中间收入人群的收入增加额和增速，收入五等份的中间偏下收入组、中间收入组和中间偏上收入组的收入分别增加了5620元、8108元和11351元，年均增速分别为8.65%、

8.78%和8.78%，说明尽管城乡收入相对比基本保持不变，但中间收入人群的绝对收入差距仍不断扩大。

上述数据反映出农村内部不同人群收入存在明显的分化趋势，特别是收入最高和最低的人群收入两极分化愈发显著，而中间收入群体总体上保持相对一致的增速。

表10-1 2013~2021年我国农村居民五等份收入分组差距变化

单位：元

组别	2013年	2014年	2015年	2016年	2017年	2018年	2019年	2020年	2021年
低收入组	2878	2768	3086	3006	3302	3666	4263	4681	4856
中间偏下收入组	5966	6604	7221	7828	8349	8508	9754	10392	11586
中间收入组	8438	9504	10311	11159	11978	12530	13984	14712	16546
中间偏上收入组	11816	13449	14537	15727	16944	18051	19732	20884	23167
高收入组	21324	23947	26014	28448	31299	34043	36049	38520	43082

注：农村居民五等份收入分组是指将所有调查户按人均收入水平从低到高顺序排列，平均分为五个等份，处于最低20%的收入家庭为低收入组，依此类推为中间偏下收入组、中间收入组、中间偏上收入组、高收入组。

数据来源：国家统计局。

二　弥合城乡收入差距鸿沟

（一）美国

20世纪30年代初，美国爆发农业经济危机，农产品出口严重下滑，农民收入锐减，城乡收入差距拉大。为了促进农业健康发展，美国政府决定实施农业保护政策，并于1933年颁布了《农业调整法》，有效保护了农民的利益，促进了农业规模化经营和现代化发展，具体的政策包括：一是抵贷价格政策。政府事先规定一个抵贷价格，若抵贷价格高于市场价格，农民可以放弃耕作的粮食而不必偿还贷款；若抵贷价格低于市场价格，农民可以出售粮食归还贷款。二是目标价格政策。对农产品实施差额补贴，如果当年的目标价格高于实际的市场价格，那么政府将根据目标价格与市场价格的差额补贴给农民。1982~1987年，美国政府直接支付给农场主的补贴相当于同期农业纯收入总额的1/3以上。三是有机农业补贴政策。自1990年《有机食品生产法案》颁布以来，美国政府逐步加大对有机农业的投入，对有机农业生产者进行多层次的补贴和扶持，根据2014年美国农业法案在有机农业方面强制性支出达到1.68亿美元。四是农产品联邦储备以及农场主储备计划。通过农产品信贷公司实施该计划，达到调节农产品市场供给、稳定农产品价格的目的。此外，在农村建设过程中，美国非常推崇通过小城镇建设来促进乡村社会的发展，1960年美国推行"示范城市"试验计划，通过对大城市的人口分流推进中小城镇的发展，进而带动乡村发展。

美国政府制定的一系列有利于农业发展的政策法规，为有效缩小城乡收入差距奠定了良好的基础。美国经济分析局数据显示，20世纪90年代以后，美国城乡收入差距不断缩小，城乡居民收入比由1989年的1.40下降至2014年的1.23。

从美国缩小城乡收入差距的实践可以看出，以遵循城乡互惠共生为原则，通过城市带动农村、城乡一体化发展等策略推动乡村社会发展，最终可以实现工业与农业、城市与农村的双赢。这种通过城乡共生来缩小差距的方式产生于特殊的社会人文环境，多见于经济发展程度较高的发达国家，政府以农村完善的公共服务体系和发达的城乡交通条件为基础，在追求经济目标的同时，更加重视乡村生态、文化、生活的多元化发展，以此推动整个乡村现代化水平的全面提升。

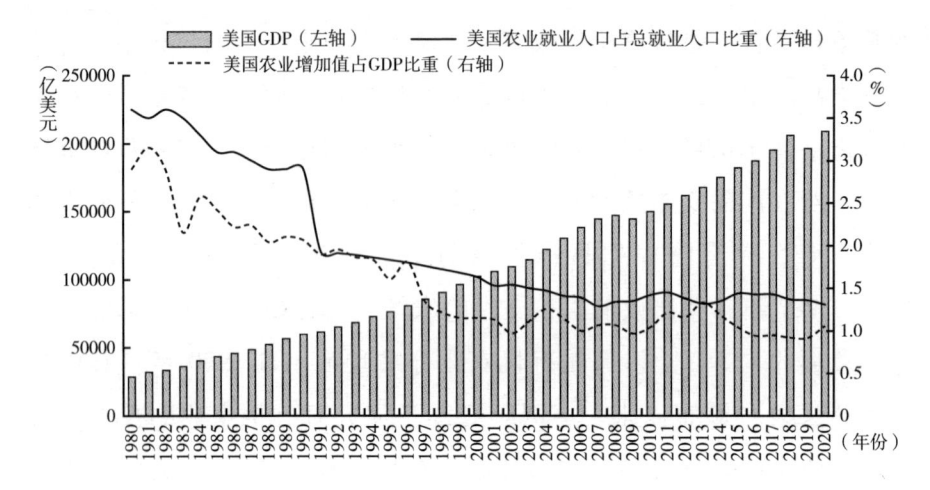

图 10-2　美国农业就业人口及增加值变动

数据来源：Wind 数据库，下同。

（二）日本

二战后，日本政府为了加快经济发展，实行了一套城市偏向政策，以求快速推动整个国家的经济繁荣。在这种策略引导下，农村发展开始落后，城乡发展差距不断扩大。为了缩小城乡差距，日本采取了两个方面的措施。

一方面，为了振兴农村，实现城乡一体化目标，日本政府在1961年推出国民收入倍增计划后，相继出台了《农业基本法》《农业现代化资金助成法》《十年土地改良长期计划》等一系列法规，持续加大对农业、农村、农民的政策倾斜力度，促进农业生产、农村建设和农民增收，包括：大幅增加对农业的投资和农产品补贴，大力推进农业机械化、现代化和产业结构升级；强化经营基础，着力推进基层农业协会组织合并走向规模化；实行转移非农人口策略，实施农民工转型方案，支持农民通过出租或出售土地等方式获得大量现金，提高农户基本收入和消费能力；等等。

另一方面,在政府引导和扶持下,通过造村运动推动城乡经济发展,包括:其一,建立最低工资制度,采取"限高、扩中、补低"的财政补贴政策,缩小行业间工资差距,提高整体工资水平。其二,采取对农、林、牧、副、渔产品实行一次性深加工的策略,因地制宜地培育富有地方特色的农村发展模式和农产品生产基地。其三,加强农业劳动力职业培训,开设各类农业培训班,建立符合农民需求的补习中心,提高农民的综合素质和农业知识水平。

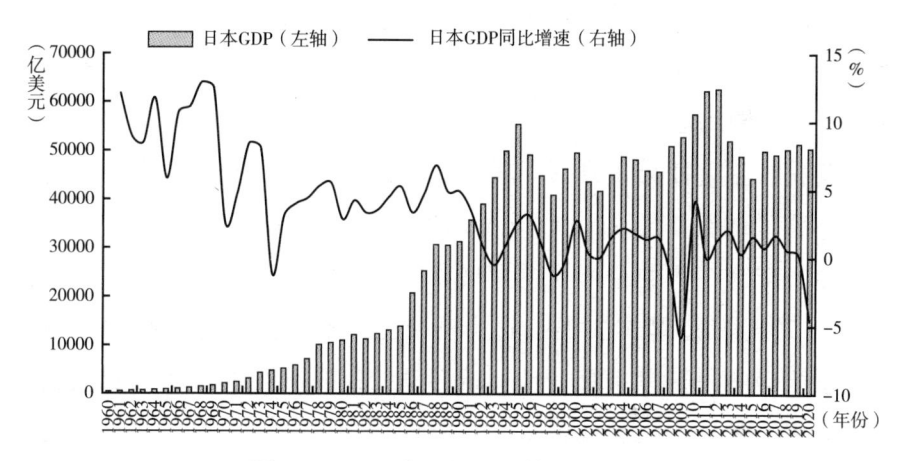

图 10-3 日本 GDP 及其增速变化

长期以来,日本始终以国家财政扶持农业发展,对主要农产品生产给予巨额财政补贴,每年农业补贴总额在 4 万亿日元以上,"高农业补贴"有效缩小了城乡差距。从 1960 年开始,日本将农户总数的 60% 转移到非农业领域,形成了 40% 农户充分就业的土地所有制形式。1961~1971 年,日本政府对农业的补贴翻了 4 倍,从 1963 年开始,日本农村居民家庭收入大幅增长并超过城市居民家庭收入,1975 年城乡居民家庭收入比更是达到了 0.75 的历史低点,并在此后的近 30 余年一直保持在 0.8 左右。1990 年日本中央财政的农业预算支出为 23784.7 亿日元,其中用于各类农业补贴的支出占 70%,大规模农业补贴对日本农业乃至整个国民经济发展产生了积极影响。

从日本缩小城乡差距的实践可以看出,应促进劳动力在地区间和产业间转移。通过农协组织整合和开发本地传统资源,打造富有地方特色的品牌产品,进而形成区域性的经济优势,是缩小城乡差距的关键,也有助于提升乡村发展的整体效益。

(三)德国

德国一直比较重视农业发展,各级政府采取了许多经济、法律措施来保护和发展农业,使农业的专业化、集约化和市场化水平不断提高,城乡差距缩小。

首先,注重社会化发展。德国采用"家庭农场+合作社+社会化服务体系"的组织形式,形成了高度协同的农业产业体系,实现农工一体、产销一体的全产业链发展。其次,注重科技发展。德国早在20世纪70年代就基本实现了农业机械化,不断强化遥感技术、地理信息系统、应用卫星系统、计算机自动控制系统等新技术在农业生产中的应用,其农业机械装备水平在欧洲位列第一。最后,注重制度化发展。通过推行工资集体协商制度、平衡劳资双方利益、建立义务教育体系等方式,提高了初次分配的效率;通过构建比较完善的社会保障制度,如高税率税收制度、社会保险制度、财政反贫困调节工具等缩小城乡差距,提高了二次分配的效率;注重慈善宣传,通过建立有效审查监督机构每年审查一次慈善机构,有效实现了第三次收入分配公平。[①]

德国政府通过调整经济制度、完善法律法规,对农村改革进行规范和引导,推动乡村发展与繁荣。1995年以来,德国的基尼系数一

[①] 德国每年捐款总额为30亿~50亿欧元,其中大多数为个人捐款。同时,德国政府通过对慈善基金会免收遗产税,以及对慈善公益捐赠减免税收进行政策倾斜。

直保持在0.3左右，尤其是1995~2005年城乡居民收入比大幅缩小，基尼系数在10年内降到了0.25。尽管2008年后城乡居民收入比有小幅上升，但此后城乡居民收入比持续下降。

从德国缩小城乡差距的实践可以看出，注重社会化发展、科技发展、制度化发展的混合型发展模式可以有效缩小城乡居民收入差距，其重点在于建立区域专业化的农业生产格局，以农业合作社和社会化服务体系为纽带，紧密衔接农业产业链上下游，形成独具特色的区域公共品牌和地理标志产品，提升农产品的产量、品质和附加值，提高农业生产效率和经营效益。同时，通过加大农业投入、加强农业教育培训、支持农业科技创新与推广、建立质量标准体系、大力发展农业保险等可以为缩小城乡差距提供重要保障。

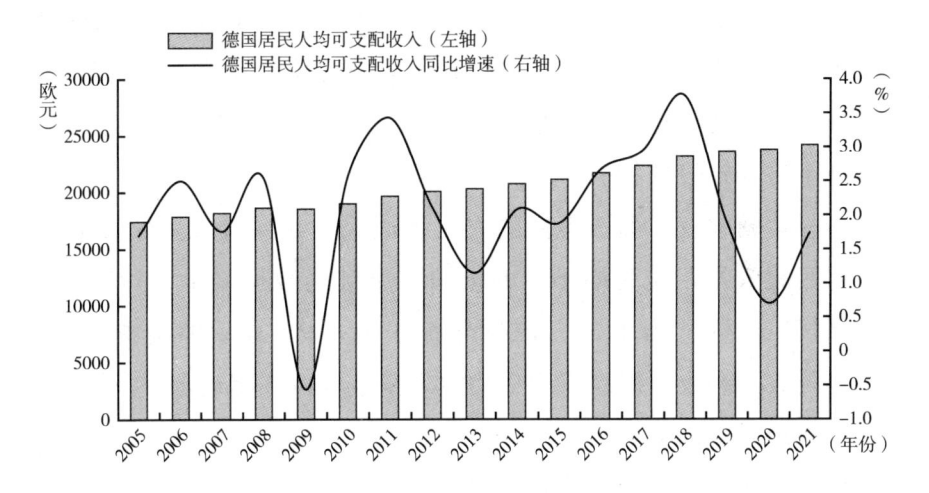

图10-4　2005~2021年德国居民人均可支配收入和增速

（四）韩国

与日本造村运动的背景相似，韩国的新村运动也是在国内重点发展工业和城市，由此导致城乡两极分化、农村人口大量外流等。20

世纪70年代，韩国在全国范围内开展了新村运动，以政府支援、农民自主和项目开发为基本动力，带动农民自发建设家乡，实现了农村面貌的极大改善、城乡居民收入差距的不断缩小，主要措施包括：其一，强化农业支持保护，在全国范围内推广农作物新品种，增种经济类作物，建设专业化农产品生产基地，并实施价格保护补贴，扶持壮大代表农民利益的农协，保证农户在经济发展中的主体地位。其二，大力发展园艺、畜牧等特色农业，实施"农户副业企业"计划、"新村工厂"计划及"农村工业园区"计划，推进农村流通市场和金融业发展，激活农村经济。其三，以新村运动的名义进行大量投资，积极兴建公共道路、地下水管道、乡村交通、河道桥梁，整治农村生活环境，提升农民生活质量。其四，培育和发展互助合作型农协，通过对各类农户提供专业服务和生产指导，促进农村工业化，增加农业剩余劳动力就业机会。其五，在农村开展国民精神教育活动，建立村民会馆并开展各类文化活动，增加乡民的文化知识，创造性地让农民自主管理乡村和建设农村。

新村运动改变了韩国落后的农业国面貌，让乡村重新焕发活力，城乡居民收入差距显著缩小。韩国国家统计局数据显示，1970年韩国城乡居民收入比为1.33，1975年缩小至0.9，此后韩国城市居民家庭年均收入和农村居民家庭年均收入基本维持在相近水平，城乡居民收入差距基本消失。

值得关注的是，进入高收入国家行列后，韩国城乡居民收入差距又开始逆转扩大。韩国于1993年进入高收入国家行列，当年韩国农村居民家庭收入为1681万韩元，城市居民家庭收入为1482万韩元，农村居民家庭收入比城市居民家庭收入高200万韩元，城乡居民收入比为0.88。但到2006年，韩国农村居民家庭收入为3230万韩元，城市居民家庭收入为3994万韩元，农村居民家庭收入比城市居民家庭收入低764万韩元，城乡居民收入比上升至1.24。2012年，城乡居民收入比进一步扩大至1.74。尽管2013年以来,韩国城乡居民收入差距有所下降,但依然保持在高于新村运动启动初期的水平。

韩国城乡居民收入差距呈现先缩小后扩大的"U"形变化,主要原因包括:农村劳动力高素质、青年劳动力大量进城,农村人口大幅下降,乡村过疏化叠加农业劳动力老龄化,降低了农村劳动力的人力资本水平,制约了农业劳动生产率的提升。新村运动后缺乏系统明确的乡村发展支持计划,政府对农业农村投入减少,使农民收入在农业生产由传统农业向商品农业过渡阶段呈现不稳定的状态,造成城乡居民收入差距不断扩大。乡村发展政策偏离了农民主体地位,导致农民负担加重、共同建设家乡的主动性减弱,外向型经济结构调整出现障碍,经济全球化使得小农经济困局进一步恶化,制约了农民收入增长。

表10-2 1970~2021年韩国城乡居民家庭收入变化

年度	城市居民家庭收入 (万韩元)	农村居民家庭收入 (万韩元)	城乡居民收入比
1970	34	26	1.33
1975	79	87	0.90
1980	280	269	1.04
1985	511	574	0.89
1990	1134	1102	1.03
1993	1482	1681	0.88
1995	2289	2180	1.05
2006	3994	3230	1.24
2012	5391	3103	1.74
2013	5041	3452	1.46
2018	5721	4207	1.36
2019	5889	4118	1.43
2020	6096	4503	1.35
2021	6310	4776	1.32

注:2020年及2021年城市居民家庭收入根据工薪阶层收入相关数据计算得出。
数据来源:韩国国家统计局。

三　城乡收入差距扩大之殇

（一）巴西

巴西在推进工业化过程中，为了快速积累资金，实施了扶工抑农的政策，不适当的农业政策造成农业生产不稳定，产生了大量农村贫民，并且因过于追求效率而忽视了分配公平，导致城乡居民收入差距不断扩大。按照收入高低进行五等份分组考察，巴西最高20%收入是最低20%收入的20.2倍，远远超过了国际公认的10倍安全警戒线。

究其原因，一方面是不彻底的土地制度改革。巴西土地占有制度为大庄园土地占有制，土地高度集中导致其占有极为不平等，并且由于一些能够影响决策的人本身就是种植园、庄园和牧场的大地产所有者，巴西长达半个世纪的土地改革并没有改善土地高度集中的状况。此外，出口农业带来的外国资本使土地垄断局面进一步加剧。另一方面是失衡的工农业投入政策。多年以来，巴西一直实施"以农养工"的政策。尽管农产品出口为巴西带来源源不断的外汇，但工业投资一直处于优先地位，农业长期缺乏投资和技术革新，粮食和原材料生产效率低下，进而导致巴西工业化的启动无法获取充足的内部动力，国民经济发展由此陷入工农失衡的恶性循环。巴西计划部实用经济研究所的调查数据显示，1981年后巴西的基尼系数一直维持在0.52以上的水平，城乡居民收入差距不断扩大。

面对土地问题和工农业失衡带来的城乡居民收入差距扩大和两极分化，20世纪70年代中后期，巴西政府重新审视了经济发展方向和城乡建设思路，围绕农村建设和农民权益调整了农业政策，并以分配农民土地的改革为核心，重点解决农村贫困问题。通过政策调整，巴

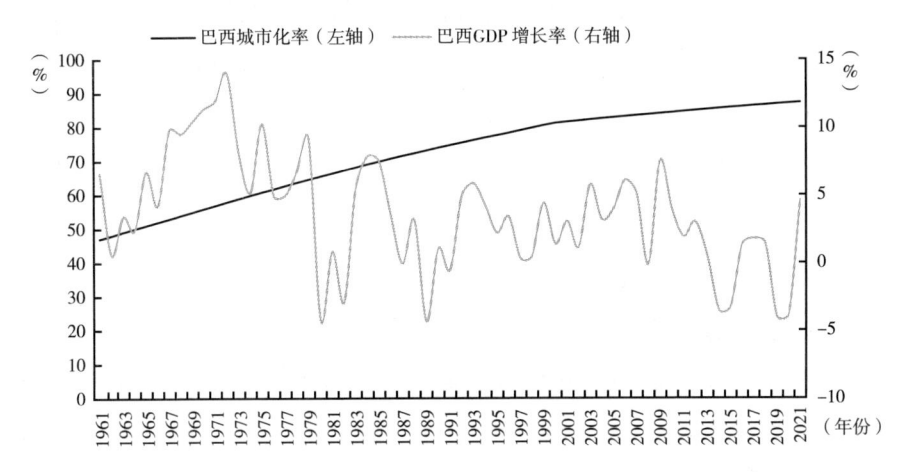

图 10-5 1961~2021 年巴西 GDP 增长率与城市化率

数据来源：世界银行网站 World Bank Open Data，下同。

西经济得以全面恢复，农村发展滞后局面得到一定程度的改善。1994~2004年，巴西农村贫困人口比重下降了9.8%，极端贫困人口下降了4.5%。

巴西的教训提醒我们，一个国家经济社会发展不能以牺牲农业、农民和农村的利益为代价，不适当的政策会导致农业萎缩、农村衰败，应切实重视农业的基础地位，慎重对待农民农村土地问题，采取有针对性的政策促进农业农村发展。

（二）墨西哥

1940年后，墨西哥进入城市化快速发展阶段，由于城市化增速与经济发展阶段严重脱节，造成城乡居民收入差距扩大，社会矛盾不断被激化。据世界银行集团发展研究局的数据，1950~1980年，墨西哥城市化率从42.6%提升到66.3%，基本接近欧洲的城市化水平，2008年墨西哥城市化率更是提升至77.2%，超过了意大利、日本等发达国家，与80%左右的高收入国家的城市化率近乎持平。值得注意的是,墨西哥实现城市化率同样增幅的时间,相较于发达国家缩短了20年,并且在相同增幅下,其人均GDP只增加了60%,而发达国家则增长了2.5倍左右。

在城市化发展过程中,墨西哥采取了一系列城市偏向政策,出现过早"去农业化"。比如,在农业领域进行土地兼并改革、允许外资对本国农业生产进行全方位垄断等,导致大量农民破产并被迫进入城市谋生,最终造成农业比较优势丧失。同时,在资源配置上,政府将更多资源向国际巨头和垄断资本倾斜,导致基层民众产生较强的被剥夺感。特别是1994年实施的"乡村直接支持计划",补贴并没有真正落到贫困农民手中,80%的农业补贴被10%的大农场主获得,导致这一项目不仅没有发挥反贫困的作用,反而在相当程度上加剧了城乡居民收入差距扩大趋势,并形成了负向反馈的恶性循环。

此外,由于政府无力保障贫民窟[①]内基础设施及移民子女的教育服务,居民对政府扩张性城市化行为极为不满,聚众抗议活动频发,社会冲突以及矛盾激化问题十分严重。1984年以来,墨西哥基尼系数长期处于高位,连续多年稳定在0.5左右的水平,1992~2005年更是超过了0.5,同时绝对贫困人口所占比例接近10%。尽管近年来该国基尼系数有所下降,但总体上还是维持在0.45以上的水平。

墨西哥城乡收入差距扩大的根源在于其城市化是农村经济发展没落之后,被动进行的人口转移。农村经济发展落后,医疗、教育等公共服务供给不足,无法满足农村居民正常生活需求,导致农民大量入城,"去农业化"的城市化运动由此产生。这种长期偏重效率而忽视公平的"去农业化",带来诸多弊端。一方面,大量农民放弃农业生产而流向城市,留在农村务农的劳动力大多文化水平不高,导致现代

[①] 数据显示,墨西哥居住在贫民窟中的人口达到1470万人,占墨西哥总人口的20%。

农业发展步履维艰；另一方面，农民投资农业的意愿持续减弱，2008年国际金融危机以来，大量农民停止向农业投资。

应吸取墨西哥发展教训，在推进城镇化过程中必须以人为本，在充分考虑城市承载力与财政社会福利支出能力的基础上，逐步缩小城市与农村之间的福利差距；同时，通过一系列福利分配非歧视化政策，消除城市内部源于户籍身份的福利差异。

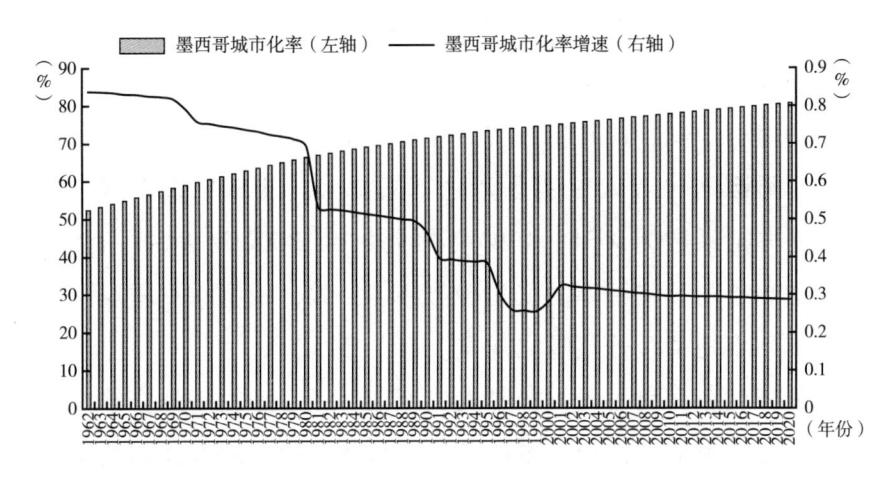

图10-6　1962~2020年墨西哥城市化率及其增速

（三）阿根廷

阿根廷的城市化比巴西、墨西哥更加超前。1929~1930年大危机后，特别是第二次世界大战之后，阿根廷城市化步伐加快，超前的城市化带来国民经济快速增长，1964~1965年阿根廷国民总收入（GNI）同比增速均超过10%（见表10-3）。然而，如前所述，一国的人口集聚程度应与该国的经济发展能力相适应，若城市化过快导致人口集聚规模超过了经济发展需要，就会造成基础设施、教育、医疗和养老等基本社会保障供给不足，进而形成大量城市贫困人口和规模巨大的贫民窟，城乡差距不断拉大。

阿根廷的城市化进程恰好印证了这一点。随着农业人口大量涌入城市，阿根廷城市人口急剧膨胀，与此同时，政治、文化、教育、科学和其他经济辅助部门也不断向中心城市集中，造成其城市首位度快速提高，接近2/3的生产力资源集中在布宜诺斯艾利斯和罗萨里奥，生产力布局极不平衡。此外，由于迁往城市的多为青壮年劳动力，农村经济失去活力，成为农业减产的重要原因。农业部门衰败导致粮食产量无法供养占总人口60%以上的城市居民，严重影响了人民生活水平的提高和经济的正常发展。

从20世纪60年代开始，阿根廷经济发展陷入不断的危机周期起伏之中，城乡居民收入差距也随之不断扩大。从基尼系数看，1975年阿根廷基尼系数为0.35，1990年接近0.5，2002年达到峰值0.54，这一变化趋势与其贫困率的变化趋势高度一致，说明在贫困现象加重的同时，阿根廷两极分化随之加剧。

阿根廷城乡居民收入差距扩大的原因：一方面在于社会结构的支撑力度不足。类似于巴西、墨西哥的城市化路径，阿根廷的城市化在某种程度上也带有"虚假成分"，[1] 农村人口只是简单地向城市转移，但并没有享受到城市的公共服务，农村贫困问题一直未得到妥善解决，进而形成城市贫民高度集中的局面。另一方面在于政治结构的支撑力度不足。阿根廷农业利益集团与工业利益集团长期对立，促使与工人联盟的庇隆政府采取"反农业"的工业化战略，对农业进行全面剥夺，不仅导致农业衰落，工业化进程也未能顺利推进，最终整个国民经济恶化。

---

[1] 数据分析表明，1964年阿根廷人均GNI为1120美元，城镇人口占总人口的比例为75.84%；1973年阿根廷人均GNI为1820美元，城镇人口占总人口的比例高达80.16%；2006年阿根廷人均GNI为3650美元，城镇人口占总人口的比例升至90.20%；2020年阿根廷人均GNI为9070美元，城镇人口占总人口的比例已达92.11%。

第十章 国际启示：缩小城乡收入差距的实践

阿根廷城乡居民收入差距扩大的教训表明，在推进现代化的进程中，应充分重视农业的基础性地位，推动工农两部门协调发展；同时，在经济转轨和社会转型的关键时期，应重视实施合理的收入分配制度，缩小城乡居民收入差距，以此来缓解由贫富分化引发的社会矛盾。

表 10-3 1961~2020 年阿根廷国民总收入（GNI）增长率

单位：%

年份	GNI 增长率	年份	GNI 增长率	年份	GNI 增长率
1961	5.65	1981	-6.58	2001	-4.61
1962	-1.01	1982	-4.19	2002	-13.20
1963	-5.31	1983	4.70	2003	10.20
1964	10.31	1984	2.06	2004	1.07
1965	10.48	1985	-5.29	2005	8.67
1966	0.71	1986	7.08	2006	17.75
1967	-0.42	1987	2.60	2007	9.74
1968	2.93	1988	-0.81	2008	4.16
1969	10.54	1989	-10.89	2009	-6.49
1970	-0.04	1990	1.63	2010	9.68
1971	10.76	1991	10.41	2011	6.54
1972	-0.88	1992	9.14	2012	-0.49
1973	4.72	1993	8.89	2013	2.66
1974	5.53	1994	5.66	2014	-2.39
1975	0.95	1995	-3.20	2015	2.93
1976	-3.26	1996	5.29	2016	-2.44
1977	6.09	1997	8.00	2017	2.39
1978	-4.37	1998	3.50	2018	-3.69
1979	9.93	1999	-3.52	2019	-2.35
1980	1.51	2000	-0.83	2020	-8.64

参考文献

蔡昉:《改革时期农业劳动力转移与重新配置》,《中国农村经济》2017年第10期。

陈斌开、林毅夫:《发展战略、城市化与中国城乡收入差距》,《中国社会科学》2013年第4期。

陈丹、姚明明:《数字普惠金融对农村居民收入影响的实证分析》,《上海金融》2019年第6期。

陈潇:《美国农业现代化发展的经验及启示》,《经济体制改革》2019年第6期。

程名望、贾晓佳、俞宁:《农村劳动力转移对中国经济增长的贡献（1978~2015年）：模型与实证》,《管理世界》2018年第10期。

程雪阳:《土地发展权与土地增值收益的合理分配》,《法学研究》2014年第5期。

程永宏:《改革以来全国总体基尼系数的演变及其城乡分解》,《中国社会科学》2007年第4期。

〔美〕戴维·艾伦·佩兹:《黄河之水:蜿蜒中的现代中国》,姜智芹译,中国政法大学出版社,2017。

邓云特:《中国救荒史》,商务印书馆,2011。

郭燕、李家家、杜志雄:《城乡居民收入差距的演变趋势：国际经验及其对中国的启示》,《世界农业》2022年第6期。

参考文献

韩长赋：《城镇化不是去农村化 新"剪刀差"需警惕》，新华网，2013年12月22日。

贾会棉、刘新乐、王俊凤：《美日韩财政支农发展对比及借鉴》，《世界农业》2010年第7期。

姜长云、李俊茹、王一杰、赵炜科：《近年来我国农民收入增长的特点、问题与未来选择》，《南京农业大学学报》（社会科学版）2021年第3期。

金俊、金度延、赵民：《1970—2000年代韩国新村运动的内涵与运作方式变迁研究》，《国际城市规划》2016年第6期。

孔祥智、周振：《我国农村要素市场化配置改革历程、基本经验与深化路径》，《改革》2020年第7期。

孔越：《强村富民，嘉兴"飞地抱团"招数灵》，《嘉兴日报》2019年3月16日。

李伟、牛玉莲：《"两权"抵押贷款抵押物流转处置问题的思考》，《清华金融评论》2016年第10期。

李俊松、李俊高：《美日欧农业补贴制度历史嬗变与经验鉴镜——基于速水佑次郎"农业发展三阶段论"》，《农村经济》2020年第4期。

李水山：《韩国新村运动的启示》，《中国社会导刊》2006年第3期。

刘俊杰：《"中等收入陷阱"与城乡关系：墨西哥等拉美国家启示》，《广西城镇建设》2018年第12期。

刘世锦主编《新倍增战略》，中信出版社，2021。

刘守英：《城乡中国的土地问题》，《北京大学学报》（哲学社会科学版）2018年第3期。

刘守英、熊学峰：《产权与管制——中国宅基地制度演进与改革》，《中国经济问题》2019年第6期。

刘祖云、刘传俊:《后生产主义乡村:乡村振兴的一个理论视角》,《中国农村观察》2018年第5期。

龙晓柏、龚建文:《英美乡村演变特征、政策及对我国乡村振兴的启示》,《江西社会科学》2018年第4期。

罗慕赫:《公义当先 仁爱为民 中国古代的慈善事业》,《中国纪检监察报》2021年8月27日。

韩长赋:《土地"三权分置"是中国农村改革的又一次重大创新》,《光明日报》2016年1月26日。

廖东声、沈宇锋:《西部欠发达地区普惠金融发展水平及对农民增收效应研究》,《经济论坛》2022年第2期。

廖洪乐:《土地增值收益分配尚不合理 农民所得比例偏低》,《第一财经日报》2012年11月30日。

马晓河:《对当前经济形势分析与政策思考》,《中国发展观察》2021年第23期。

马晓河:《中国经济迈上新的大台阶亟需加快推进城镇化》,《农业经济问题》2021年第9期。

马晓河:《迈过"中等收入陷阱"的结构转型——国际经验教训与中国挑战》,《农村经济》2011年第4期。

孟静、马志宇、韩冬:《美国农业补贴政策历史嬗变及对中国的借鉴》,《粮食科技与经济》2021年第6期。

农业农村部市场与信息化司:《新中国成立70年来农业农村市场化发展成就》,中华人民共和国农业农村部网站,2019年7月19日。

彭小辉、史清华:《"卢卡斯之谜"与中国城乡资本流动》,《经济管理研究》2012年第3期。

钱忠好、牟燕:《土地市场化是否必然导致城乡居民收入差距扩大——基于中国23个省(自治区、直辖市)面板数据的检验》,《管理世界》2013年第2期。

曲文俏、陈磊：《日本的造村运动及其对中国新农村建设的启示》，《世界农业》2006 年第 7 期。

孙敬水、张岚：《德国缩小收入分配差距的基本经验及借鉴》，《现代经济探讨》2012 年第 11 期。

涂圣伟：《产业融合促进农民共同富裕：作用机理与政策选择》，《南京农业大学学报》（社会科学版）2022 年第 1 期。

涂圣伟：《以畅通要素循环求解城乡发展平衡问题》，《学习时报》2022 年 4 月 27 日。

涂圣伟：《加快构建高质量农业供给体系》，《学习时报》2021 年 1 月 6 日。

涂圣伟：《中国乡村振兴的制度创新之路》，社会科学文献出版社，2019。

涂圣伟、周振、张义博：《工商资本：新时代乡村振兴的重要变量》，中国社会科学出版社，2019。

王力：《把握数字普惠金融发展新趋势》，《银行家》2022 年第 6 期。

王慧芝：《阿根廷庇隆政府的农业剥夺政策及影响》，《世界农业》2017 年第 5 期。

伍业君、张其仔：《比较优势演化与经济增长——基于阿根廷的实证分析》，《中国工业经济》2012 年第 2 期。

徐文渊：《战后阿根廷两种经济发展战略刍议》，《拉丁美洲研究》1985 年第 5 期。

谢忠强、李云：《试论我国古代慈善事业的历史沿革》，《延边大学学报》（社会科学版）2010 年第 2 期。

杨修娜、万海远、李实：《我国中等收入群体比重及其特征》，《北京工商大学学报》（社会科学版）2018 年第 6 期。

余丽娟、王铭鑫：《农村集体经济发展的新特征与新问题——基于全国 24 个省市 164 个村庄 2343 位村民的调查与研究》，中国农村研究网，2021 年 12 月 12 日。

岳经纶、陈泳欣：《社会精英如何融合推动农村社区治理？——来自台湾桃米社区的经验》，《南京社会科学》2016 年第 5 期。

翟雪玲、赵长保：《巴西工业化、城市化与农业现代化的关系》，《世界农业》2007 年第 5 期。

张云华：《国际视野下的土地流转经验》，《中国国土资源报》2013 年 11 月 22 日。

曾令秋、杜伟、黄善明：《对土地价格"剪刀差"现象的经济学思考》，《中国农村经济》2006 年第 4 期。

郑军、樊元华：《政府执政理念对农村养老保障中政府责任的影响分析——以古代中国的家庭养老制度为例》，《经济问题探索》2012 年第 2 期。

张义博、申佳：《建立城乡统一建设用地市场的探索——贵州省湄潭县农村集体经营性建设用地入市改革调查》，《中国发展观察》2018 年第 Z1 期。

中共中央宣传部：《习近平新时代中国特色社会主义思想学习纲要》，学习出版社、人民出版社，2019。

周其仁：《中国农村改革：国家与所有权关系的变化（上）——一个经济制度变迁史的回顾》，《管理世界》1995 年第 3 期。

周光辉、赵德昊：《荒政与大一统国家：国家韧性形成的内在机制》，《学海》2021 年第 1 期。

图书在版编目（CIP）数据

中国农民农村共同富裕道路 / 涂圣伟等著 . -- 北京：社会科学文献出版社，2022.12
ISBN 978-7-5228-0917-5

Ⅰ.①中… Ⅱ.①涂… Ⅲ.①农村经济发展 - 研究 - 中国 Ⅳ.①F32

中国版本图书馆 CIP 数据核字（2022）第 194095 号

中国农民农村共同富裕道路

著　者／涂圣伟　等

出　版　人／王利民
责任编辑／吴　敏
责任印制／王京美

出　　版／社会科学文献出版社（010）59367127
　　　　　地址：北京市北三环中路甲 29 号院华龙大厦　邮编：100029
　　　　　网址：www.ssap.com.cn
发　　行／社会科学文献出版社（010）59367028
印　　装／三河市龙林印务有限公司

规　　格／开　本：787mm×1092mm　1/16
　　　　　印　张：13.25　字　数：178 千字
版　　次／2022 年 12 月第 1 版　2022 年 12 月第 1 次印刷
书　　号／ISBN 978-7-5228-0917-5
定　　价／79.00 元

读者服务电话：4008918866

版权所有 翻印必究